Heiderose Hofer
Meine kleine An
Über 70 und (k)ein bi

Für das TEAM der NORDSTADT ZEITUNG

von Oma Heiderose und Enkel JONAS

2021

das TEAM der vorzüglich fein und

Das Verlags

die Coles Leaks

Heiderose Hofer-Garstka

Meine kleine Anthologie

Über 70 und (k)ein bisschen weise

3. erweiterte Auflage 2014

TRIGA – Der Verlag

Bibliografische Information Der Deutschen Bibliothek
Die Deutsche Bibliothek verzeichnet diese Publikation in der
Deutschen Nationalbibliografie;
detaillierte bibliografische Daten sind im Internet über
http://dnb.ddb.de abrufbar.

3., erweiterte Auflage 2014
© 2006 TRIGA – Der Verlag
Feldstraße 2a, 63584 Gründau-Rothenbergen
www.triga-der-verlag.de
Alle Rechte vorbehalten
Foto S. 42: www.pixelquelle.de
Printed in Germany
ISBN 978-3-89774-975-7

Dank

Besonderen Dank an meinen Ehemann. Dank an alle, die mich durch ihre Begeisterung für »Meine kleine Anthologie« überzeugten, weiterzuschreiben. Es sind die Menschen, die für Enkel Jonas aufgeschlossen sind. Sie tun ihm und mir einfach gut.

Jonas hat das Down-Syndrom. Er ist ein Teil meines Lebens. Durch ihn kommen oft andere Saiten zum Klingen, wunderschöne. Man kann immer wieder staunen. Inzwischen ist Jonas 21 Jahre alt und hat sich wunderbar entwickelt – wie alle unsere vier Enkelkinder.

Alles Gute wünscht
Heiderose
Karlsruhe, im Januar 2014

Inhalt

Dank	5
Anthologie	9
Der Zitronenfalter	11
Schmetterling Fridolin	13
Schmetterlinge im Bauch	15
Schmetterlingskind Lucia	16
Schmetterlingskind Felix	18
Schmetterlingskind Moritz	20
Schmetterlingskind Jonas	22
Lady Lisa und Mister Max (in Karlsruher Mundart)	24
Lady Lisa und Mister Max (in Hochdeutsch)	33
Urenkel Max in USA	43
Der BIO-Garten	44
Der Johannisbeerstrauch	46
Das Kuckucksnest	48
Die Hummel	51
Der Maikäfer	52
Der Siebenpunkt oder Marienkäfer	54
GÖTTER, GRÄBER und GELEHRTE	56
KÖNIGIN von SABA	57
Pyramiden	58
Die ›Kleine Pyramide‹ in KARL'S-RUHE	60
Karlsruhe kennen – Karlsruhe lieben	62
Kaspar Hauser	65

Das Wunder	67
Das Wort	68
Krankheit	69
Die Zahl 7	70
Alles hat seinen Sinn	73
Der Faden durchs Labyrinth	74
Regenbogen als sichtbares Zeichen	75
Der Dornenstrauch	77
EWIGKEIT	78
Die andere Sicht	79
Reif für die Insel	80
Kloster Montserrat in Spanien	81
Matroschka	85
Wolfartsweier	88
Dienstadt	103
Dienstedt in Thüringen	118
Genügsam, bescheiden – zufrieden ...	120
Über die Autorin	122

Anthologie

Anthologie bedeutet »Blüten lesen« oder »Blumen sammeln« (aus dem Lateinischen)

Eine Anthologie ist eine Sammlung ausgewählter Texte oder eine themenbezogene Zusammenstellung von
- Lyrik = Dichtung im Rhythmus (Reime, Verse, Strophen = Gedichte)
- Aphorismen = Sinnsprüche – Gedankensplitter
- Erzählungen.

In der »Anthologia Paletina« in den Pfälzer Handschriften in Heidelberg wird bereits eine Anthologie erwähnt.

Im Jahre 1782 nannte Friedrich Schiller seine Gedichtsammlung *Anthologie*.

In der Neuzeit erscheinen zahlreiche Anthologien bei verschiedenen Verlagen.

Der Zitronenfalter

Wer glaubt, dass Zitronenfalter Zitronen falten, glaubt auch, dass Volksvertreter das Volk vertreten ...

Was die Raupe
Ende der Welt nennt,
nennt der Rest der Welt
Schmetterling

Lao-tse

Schmetterling Fridolin

Ein wundervoller Schmetterling,
nennen wir ihn Fridolin,
schwebt selig durch die Lüfte,
süße, unbekannte Düfte locken ihn.

Die Zeiten als Raupe sind vergessen,
wie mühsam sie auch waren gewesen.

Ein Wunder der Natur
– die Wandlung der Raupe zum Schmetterling.
Ein Hinweis auf ein Weiterleben?

Die Frage ist offen, sicher wissen wir nur,
dass uns Menschenkindern hier auf Erden
keine Flügel wachsen werden.
Wir können nur hoffen, sie dereinst im Himmel
als Geschenk zu bekommen.

Schmetterlinge im Bauch

Liebe kommt oft wie Donner und Blitz,
manchmal auch
wie ein zarter Hauch.
Ein Gefühl eben
wie »Schmetterlinge im Bauch«.

Dann eines Tages, oh Schreck,
ist die Liebe wieder weg
und die Schmetterlinge auch.

Es hilft kein Rufen, kein Schreien, kein Weinen.
Schmetterlinge lassen sich nun mal nicht anleinen.

Schmetterlingskind Lucia

Sommer, Sonne, Sonnenschein,
ein kleines Schmetterlingskind fliegt allein.
Es ist auf der Suche nach seiner Lieblingsblume,
eine Sonnenblume bitte soll es sein.

Sein Name ist Lucia-Viola,
wie passend für ein Schmetterlingskind.
Es fliegt selig durch die warme Luft,
genießt auch den Sommerduft.

Endlich sieht es an einem Gartenzaun
mehrere Sonnenblumen – wie im Traum.
Es lacht und sagt ganz laut, wie herrlich,
jetzt kann ich mir in Ruhe meine Lieblingssonnenblume
zum Schaukeln in der Sonne aussuchen.

Die Zeiten als Raupe auf Erden sind fast vergessen,
wie mühsam sie auch waren gewesen.
Hatte es doch damals einen Traum,
es wollte zu gerne mal auf einer Sonnenblume sitzen.
Aber ohne Flügel, wie wäre das möglich?

Deshalb ist es einfach glücklich,
dass es das nun als Schmetterling kann.
Es sagt laut, wie dankbar bin ich doch für meine
wunderbaren Flügel, die mir erfüllten meinen Traum.

Schmetterlingskind Felix

Der Himmel ist blau, das Wetter ist schön,
»lass uns eine Runde drehn«,
sagt Felix, das glückliche Schmetterlingskind,
zu sich selbst und fliegt los geschwind.

Verstecken hinter Sträuchern und Hecken
um zu necken die lieben Verwandten,
das macht doch richtig Spaß,
um zu sehen, an welchen Blumen in ›ihren Gärten‹
andere Schmetterlingsfamilien sich ernähren, um zu
hören im Versteck, was sie sich zu erzählen haben.

Wie schön, denkt Felix, wie nett,
wenn mich ein Menschkind entdeckt,
ruft es: »Oh, oh ... sieh da,
ein wunderschöner Schmetterling,
wie fliegt der so leicht und sieht aus richtig duftig,
hat der herrliche Farben«, und schon ist er weg ...

Die Zeiten als Raupe sind fast vergessen,
wie mühsam sie auch waren gewesen.

Zu jener Zeit nämlich sagten die Menschen
»Igittigitt, sieh da, eine Raupe, tu sie weg«,
was immer manche darunter verstehen?

Ich hatte ja damals Glück
als ich hörte »tu sie weg«
war ich schnell gekrochen in ein Versteck
und keiner konnte mich mehr sehn.

Bin ich glücklich ein Schmetterling zu sein,
dankbar für meine wunderschönen Flügel,
ich möchte das alles einfach genießen.

Schmetterlingskind Moritz

Moritz, ein kleiner Schmetterling,
schwebt bedächtig durch die Lüfte, süße,
unbekannte Düfte verwirren ihn.

Die Zeiten als Raupe auf Erden sind fast vergessen,
wie mühsam sie auch waren gewesen.

Aber da, was war das?
Ein Windhauch nur sacht und doch hat er ihn
aus dem Gleichgewicht gebracht.

Er landet auf einer schönen, duftenden Blume,
ruht sich aus und denkt:
Du meine Güte ... war es nicht doch
sicherer auf Erden?

Dann sagt er tapfer und laut:
»Nun bin ich endlich ein Schmetterling
mit zarten Flügeln und keine Raupe mehr,
die kriecht im Staube. Auch das Fliegen im Winde
werde ich noch lernen.

Ich will meine neue Freiheit genießen,
vergessen die Ängste und fliegen in der lauen Luft,
umgeben vom zarten Duft der Blüten,
wie dankbar bin ich für meine wunderbaren Flügel.«

Schmetterlingskind Jonas

Ein kleiner, bunter zarter Schmetterling
flattert erschöpft zu einer blauen Blüte hin,
er setzt sich am Rande nieder
und sagt leise zu sich: »Endlich komm ich zur Ruh«,
und klappt seine feinen Flügelchen zu.
»Für heute habe ich wieder alles mir Mögliche getan,
meine geliebte Rose zu finden.
Morgen ist auch noch ein Tag ...«

›Der kleine Prinz‹ wird er genannt,
unter diesem Namen ist er in
Schmetterlingskreisen bekannt.
Seit Tagen fragt er jeden, den er sieht:
»Ach du, sage mir doch,
weißt du, wo meine Rose blüht?
Ach du, sage mir, hast du das
kleine Schaf gesehen?«

»Nein«, sagen alle, die er trifft, »nein ... tut uns leid,
wir wissen es nicht,
aber vielleicht hat das Schaf die Rose schon längst
gefressen und du suchst noch immer unterdessen.«

Er ist erschöpft und möchte schlafen ...
aber er wartet noch auf seinen Stern,
danach möchte er doch so gern
im Land der Träume vielleicht seine Rose treffen,
vielleicht sieht er das Schaf, das er kann fragen:
Ach, du Schaf, hast du doch meine Rose gefressen?

Inzwischen sind die Sternlein zu sehen,
er winkt seinem Stern,
der blinkert zurück und nun ab ins Land der Träume.
So müde, wie er ist, schläft er im Nu
und ist sofort im Regenbogenland der Träume.

Aber da ist keine Rose noch ein Schaf zu sehen.

Als er erwacht aus seinen Regenbogenträumen
ist er zuerst traurig, aber dann sagt er sich:
Warum soll ich die Hoffnung aufgeben
in meinem Schmetterlingsleben
meine Rose zu sehen.
Wer weiß, vielleicht ist gerade heute der Tag,
an dem sich mein Wunsch erfüllen mag.

Lady Lisa und Mister Max

(in Karlsruher Mundart)

I bin de schwarze Kater Max, bildschee sei i, sage se, stattlich und höflich dazu. Immer wenn mir die Oma morgens die Hausdür uffmacht, sag ich »danke« und »gude morge«. Oma sagt dann: »Gude morge, Max, bisch widder zrück von deim nächtliche Stroifzug? War was Bsonderes, ja, ja, – schwarzer Kater Stanislaus, gell ...«

Manchmal, wenn gelüftet wird morgens, guck i, wo i reikomm, und schwupp, steh ich oifach in de Wohnung un Oma lacht. »Mensch Max«, – warum se Mensch sagt? Na ja. »Hasch dich mol widder selber durchs Fenster reikatapultiert? Des isch zu bewunnern, noch nie hasch was runnergschmisse, doll mach des.«

Dazu sollt mer wissen, dass manche Leit sagen, awer de Max isch a en Drum Kerl worre, so en richtige Brummer, noi, die Oma sagt des net. Und mit de Zeit versteht mer als Katz sei menschliche Familie gut, net blos was se sage, a wie se des moine. Manches mol versteht mer was net, weil mer als Katz des net kennt, awer was macht des ...

Mei Schweschter, die Lady Lisa, isch net so freindlich wie i, des sage alle, und i bin a der Moinung. Sie hoißt a net Lady Lisa, weil mir von vornehmer Abstammung sin, noi – weil sie so gsteltz rumlaaft. Dazu isch se grau getigert, so wie halt viele annere gewöhnliche Katze sin, nix Bsonneres.

Mir streide uns a viel, wie des a bei menschliche Geschwister als so isch. Wie verschiede mer sin, kann mer sehn, welche menschliche Nachbarn sie sich zum Kontakt raussucht. Sie hockt oft un lang bei der Nachbarin uf de linke Seit. Weiberleit halt – fehlt nur noch, dass se a Kaffeekränzle mache. Ich besuch nur ab un zu den Nachbarn uf de rechte Seit, der lacht immer un frogt: »Hallo Max, bisch widder uf Dour, komm, kriegsch a Leckerli und gud isch.« Des isch scho an Unnerschied, so a Hockerei mag i net.

Mir wohne in enem Zwoifamiliehaus in de Schtadt, Straßebohaltestell is in de Näh, sage se. Wo die awer isch, woiss i net, die Bushaltschtelle, die kenn i, zwoi Stroße weider vom Haus weg. Do bin i scho öfder mitglafe, will doch immer mol Bus fahre mit de Familie. Des klappt oifach net. A wenn i mich hinner de Hecke entlangschleich, schpätestens an de Haltestelle sehn se mich, bevor de Bus die Düre uff macht, dann sagen se: Husch wusch, Max, mach, dass de hoimkommsch, du kannsch net mit uns fahre. Schade, des däd i mir so wünsche. Des versteht jetzt mei menschliche Familie net.

Mei Familie mit Papa und Mama un de drei Jungs – Jonas, Moritz und Felix – wohnt im erschte Stock, so sage mer hier, Oma und Opa im Ergeschoss. Unnerm Dach sin noch zwoi Zimmer mit schräge Wänd, wie se sage. A Toilette un Dusche isch a noch owe. Wenn die Kinner obe Musik höre oder schpiele un a lese, lieg i gern uff enem Sessel. Odder unner enem Schreibdisch.

Wenn de Opa im Anbau sitzt un sich mit seiner Briefmarkesammlung beschäftigt oder am Computer sitzt, lieg i gern in de Kisse uff de Couch. Do bin i dann scho efter eingschlofe un de Opa isch gange, ohne dass i des gmerkt hab oder de Opa an mich denkt hat. Do war i dann die ganz Nacht alloi un des war vielleicht langweilig. I konnt net zu meim Katzetreff un zum Fresse hat i a nix. In letschter Zeit ruft de Opa: »Hallo Max, mir gehn jetzt – komm«, do werd i wach un des isch besser so.

Des passiert mir halt net, wenn ich obe mit dem Papa uf de Couch lieg, des isch a gemietlich. Mol was anners, des Fernsehgucken, do flimmerts und machts und tuts, do schlof i net ei. Wenn mer des dann zu viel wird, steh i vor die Dür und sie lasse me raus zu meinem nächtliche Katzetreff.

Zu meim Name will i no was sage. Vor etwa vier Johr hat mei Familie die Lisa und mich auf enem Bauernhof ausgesucht unter meine Geschwischter. Des erzehle se heute noch efter. Bei mir wäre se sich alle oinig, den süße, kloine Schwarze, den wolle mer hawe, und der hoißt dann Max, weil mer jo an Moritz schon hen.

Die Lisa hat der Jonas rausgesucht, den Name a, sie isch jo noch heut sein ›Bliebling‹, wie er sagt. Des isch a so, wo er isch, isch sie a, des beruht wohl auf Gegenseitigkeit. Jonas hat bald Geburtstag und wird 13 Jahre. Er hat das Down-Syndrom, wie sie sagen, – was immer des isch. Moritz isch den Monat zehn Johr ald worde und Felix werd im Juni acht Johr ald. Sie hen a Cousine, Lucia, die isch neun Johr ald un wohnt in Ladenburg mit ihrer Familie. Sie spielt gerne hier im Garten mit uns Katzen und den Jungs, wenn sie zu Besuch do isch.

Also hinnerm Haus isch en großer Garde. Drei Nussbeem habe drin Platz. Oiner isch damals vom Schturm Lothar entwurzelt worde. Schad, awer des Johr zuvor hat er vom Blitz en Treffer kriegt und der Stamm war grissen, Ungeziefer drin, do isch der krank worde. Awer zwoi Nussbeem sind a genug, wege dem Laub, wo mer zammerechle un zum Kompost bringe muss.

Im Frühjahr stelle se dann a Zelt hi, meischtens blau und weiße Stroife, sage se, en große, weiße Tisch und Stühl dazu, genug ... des isch mir egal, was des für a Farbe isch, un mir egal, wie des aussieht, mir muss es jo net gfalle, mir sin die gelbe, kuschelige Sitzkissen wichtig. Wenn die abends vergesse worde sin, lege ich mich druf in de Nacht. Was schimpfe se do am annere Dag, wie dreckig des de Max mol widder gemacht hat. Na ja, dann werde se halt gewasche, was solls ...

Nebe oim Nussbaum steht a wirklich großes Klettergrüscht, richtig stabil. Zwoi Schaukeln hänge dro und a Kletterstang isch dabei, uff dem oberschte Balke sitz i am liebschte und guck zu, wenn die Kinner spiele. Wenn net zu viel do sin, lege i me ins Gras und guck zu, wie de Jonas schafft. Des isch doll – sei Baustell, die er sich unnerm Nussboum eingricht hat. Viele Dreckhaufe un Schaufeln und Reche und dies und das und Absperrseile und en Helm hat er, inzwische alles, was ihm wichtig isch. Viel Freunde habe schon mitgespielt und Jonas hat schon stundenlang, vor allem im Sommer, wenn es schattig isch unnerm Nußboum, dort gesesse, und er holt Wasser zum Grabe machen un zum Matscheln. Wenn des losgeht, bin i obe uff dem hohe Balke in Sicherheit, net dass se me noch ins Wasser lege un noch Dreck drübermache un dann noch lache. Manchmol nehme se a Schnur un spiel mit mer, isch viel zum Lache, wenn ich hinner den drei herrenne, moischt im Kreis. Awer oimol hen se a lange Schnur liege lasse und ich war noch jünger un hab mich verheddert, hab i a Angst ghabt ... Die Mama un der Opa hen me widder befreit, des war e Ding.

Dann schteht do noch im Garde a Häusche, richtig mit Stoi gemauert und a Dach druf, nett sieht des aus. Wenn ichs richdig verstande heb, sage se ›Gerätehaus‹ dozu. De Rasemäher – des Ding, wo so Krawall macht un i immer stifte geh – steht drin, Schaufeln und was woiss i.

Aber was i erzähle will, isch vom Drampolin – des hen se von ihrer Tante geschenkt bekommen, des mache se gern, do druf rumhopfen, des wollt i sagen. Manchmal mache se so Versuche mit mir un lache dann a noch. Also, do hen se me a drufgesetzt un mir des beibringe wolle, des Hupfe. War i froh, wo se des ufgebe hen. Oiner hat mol die Idee ghabt mich uf a Schaukel zu setze, des hat mer net gefalle, hab a Angscht kriegt. I war froh, als se me losglasse hen. Im Sommer hen se a großes, ufblasbares Kinderschwimmbecke nebe dem Klettergerüscht stehe ghabt. Des war en Spaß, grad wenns so hoiss war un noch annere Kinner do ware. Oiner wollt mich da mol reischmeiße ins Wasser, oi Glick hat des die Mama gsehe, do bin i awer stifte gange, un wenn dann des Schwimmbecke ufgstellt worde isch, war i weit weg.

Manchmal sin des schon Schlingel, alle drei. Ach ja – und dann hat es oines Tags gehoisse, do sin Risse im Plastikbecke, des war der Max und die Lisa mit ihre Kralle. Des hat mich schon geärgert, aber vielleicht wars a so. Ich denk, sie kaufe koi neues mehr, die drei sin jetzt doch größer worde ...

Die Lisa und i hen schon viel Mäus gfange un vor die Dür gelegt. Ich fang ab und zu a Vögel und des mag mei ganze Familie net, was hen se sich do scho ufgeregt, schrecklich. Des versteh ich jetzt net.

Dann sin die doch uf die doofe Idee komme, mir a Halsband mit Glöckle umzubinde, schrecklich war des, aber ich hab's nach einiger Zeit abgekriegt, wie, verzehl i net. Dann war des denen wohl zu viel, sie hen koi Band mit Glöckle mehr kaaft.

Jetzt verzehl i mol von de Lisa a paar Dummheide, die sie gemacht hat: Also, weil sie jo de ›Bliebling‹ vom Jonas isch, wollt sie halt mit ihm in die Schul. Sie isch oifach mitgelaufe un wenn de Jonas gsagt hat, Lisa geh hoim, hat se sich versteckt un war dann doch in de Schul un hat dort uf ihn gewardet. In de Turnhall war se emol, do hat de Hausmoischter ogrufe un die Mama hat se abgeholt. Awer lieber isch se ins Klassezimmer vom Jonas, des war a Ufregung. Alle Kinner hen sich gfreut un de Jonas hat se net loskriegt. Dann hat die Lehrerin ogrufen un die Mama hat sie abgeholt.

Was wollde se mache, mol hat die Oma, mol die Mama morgens die Lisa uf de Arm gnommen un dem Jonas nachgewunke, des mache se nemlich immer. Was wollt die Lisa mache, sie hat dann a halb Schtund Hausarrest gekriegt und durft dann erscht raus, so hat se sich des in die Schul gehe abgewehnt.

Aber der Knaller war doch der, dass die Lisa nebe dem Jonas un de Oma vor zwoi Johr bei de Fronleichnamsprozession mitglafe isch. Uf oimal war se weg, hen se dann verzehlt. Sie werd dehoim sei bis mir komme, hen se überlegt. Aber noi, des war se net. Nachbarn und Bekannte hen mer gfragt – drei Tag war se weg, dann sagt ein Bsuch bei der Nachbarin, die hab ich gsehn, aber a bissl weider weg von hier, awer ruft doch mal im Tierheim an, vielleicht hat es jemand gut gemeint und sie dort abgegebe. Tatsächlich, sie war in Daxlanden im Tierheim un die Mama isch mit dem Korb gfahre, sie abzuhole. Die Freude war riesig, vor allem bei Jonas. Ehrlich, i heb se awer net vermisst.

Zum Schluss will i von meim Abendeuer verzehle – des hat drei Monat gedauert, net nur drei Dag, wie bei de Lady Lisa: Also, voriges Johr isch im erschte Stock bei meiner Familie a Küch eigebaut worre. Des war nadürlich viel Arbeit und viel Krawall, bis des passt hat. Zwoi Handwerker ware a do. Alles war mir dann zu viel. Wo die des große

Audo mol ausgräumt hen mit dene Deile für die Küch war ja dann Ruh und Platz für mich, un do hab i mi neigeschliche. Do war's ruhig un do muss i a eingschlofe sei. Irgendwann hat was gebrummt und es hat sich was bewegt, ich war noch nie in so einem Audo gefahren, wenn, dann immer nur mit Mama zum Dierarzt. Uf oimal hat's dann nemme gebrummt und die Dür ging uf und die sin ausgestiege, i a. Die beide Menner hen nix gsagt un i a net, es war dunkel und ich bin eh schwarz, do sieht mer me net glei ... Jetzt war i alloi in oiner fremde Gegend, so ähnlich wie bei uns im Garde hat des ausgsehe. Aber koi Leut und koi Meis un koi Vögel. Dann hab i me halt hinglegt un geschlofe. Am annere Morge kam a Mädle un hat mit mer geschwätzt, me mitgenomme ins Haus. Do heb i Fresse gekriegt un sie hen a gsagt, is des doch a schener Kerl. Do war i dann, was hätt i mache solle – es hat mer scho gfalle, aber Hoimweh hab i scho ghabt nach meiner Familie.

Eines Dages isch die Mama von dem Mädle mol mit mir zum Dierarzt und hat was verzehlt, und der hat im Ohr nachgeguckt, hat was abgelese – des muss was Wichtiges sei, was do im Ohr steht, des hen se a von de Lisa verzehlt, wo die im Dierheim war. Dann hat der Dierarzt wo angerufe un dann gelacht und dieser Mama a Nummer gsagt. Warum bin i do net früher drufkomme, hat die Fra gsagt un de Kopf geschüttelt. Zu Hause hat diese Mama wo angerufe un dann war mei Familie am Telefon. Die hen des Ganze a net verschtane, aber die Mama isch glei komme mit dem Käfig un hat mich geholt. Alle waren erstaunt, dass i widder do war, aber si hen sich gfreut. Die Lisa isch oifach davongelaafe, wie se mi gsehe hat, dere isch des gange wie mir domals, wo sie widder do war nach drei Dag.

Wenn ich jetzt bloß ›hallo‹ sag, wenn jemand von de Familie aus einem Audo schteigt, sage se schon, aber net eisteige, Max. Beim Opa hab ich's mol geschafft in de Kofferraum zu hupfe, aber er hat's dann doch gmerkt, bevor er abgefahre isch, schade ...

Es gäb noch viel zu verzehle, vielleicht a anners Mol.

Jonas mit Katze Lisa

Lady Lisa und Mister Max

(in Hochdeutsch)

Ich bin der schwarze Kater Max, bildschön sei ich, sagen sie, stattlich und höflich dazu. Immer wenn mir die Oma morgens die Haustür öffnet, sage ich »danke« und »guten Morgen«. Oma sagt dann auch: »Guten Morgen, Max, bist du wieder zurück von deinen Streifzügen. Ich werde grad mal oben klingeln, dass sie wissen, du bist da.«

Manchmal springe ich auch mit einem Satz durchs geöffnete Fenster, das ist eher im Sommer der Fall. Oma lacht immer wieder und meint: »Max, wie hast du das denn wieder geschafft, so ohne was zu zerdeppern durchs Fenster, über das Glastischchen und die Gläser oder Tassen, das ist eine Leistung.« Dazu sollte man wissen, manche meinen inzwischen, der Max ist aber ein Trumm geworden, schwarzer Blitz kann man da nicht mehr sagen, eher schwarzer Bomber. Nein, die Oma sagt das nicht.

Mit der Zeit versteht man seine menschliche Familie ganz gut, nicht nur an dem, was sie sagen, sondern wie sie es sagen – am Tonfall eben. Manches Mal vielleicht auch nicht, aber das geht den Menschen mit uns Katzen sicher ebenso. Was verstehen die schon von Vogel- oder Mäusejagd. Das ist auch so ein Thema, wenn die Lisa Mäuse vor die Treppe legt: Ach, wie toll Lisa, prima hast du das gemacht. Ich hab es nicht so mit den Mäusen, wenn ich den Rest eines Vogels hinlege, heißt es vielleicht: Huch, da hat der Max wieder einen Vogel gefangen, so was, könnte man ihm das nicht abgewöhnen? Huch, sieht das aus. Wo ist da wohl ein Unterschied zwischen Maus und Vogel? Ich weiß es nicht.

Meine Schwester Lisa ist nicht so freundlich wie ich, das sagen alle, und ich bin eh dieser Meinung, sie grüßt nicht und schmust auch nicht so gerne. Sie heißt auch nicht Lady Lisa, weil sie von Adel ist, das wäre ich dann ja auch, als ihr Bruder. Nein, sie läuft so gestelzt, eher wie ein Mannequin, nicht wie eine Katze. Ganz abgesehen davon, dass sie grau getigert ist, wie viele andere Katzen auch, eher gewöhnliche Katzen, würde ich sagen.

Wir streiten auch viel, wie das bei menschlichen Geschwistern auch oft so ist. Wie verschieden wir sind, kann man auch daran sehen, mit welchen menschlichen Nachbarn wir Kontakt aufgenommen haben: Sie hockt oft länger bei der Nachbarin auf der einen Seite des Hauses, die noch zwei Katzen hat, und frisst dort anscheinend mit, vielleicht machen sie auch so was wie Kaffeeklatsch – was weiß man schon. Ich gehe auf der anderen Seite zum jungen Nachbarn. Der lacht dann und sagt: »Hallo Max, bist du wieder auf Tour, komm, da hast du ein Leckerli«, und ich lass mir das dann schmecken. Fressen tu ich aber zu Hause.

Wir wohnen in einem Zweifamilienhaus mit drei Zimmern im Dachgeschoss am Rande der Stadt. Die Straßenbahnhaltestelle ist in der Nähe, sagen sie. Wo aber genau, weiß ich nicht, eher kenne ich die Bushaltestelle, zwei Straßen weiter ist die. Manchmal habe ich schon probiert mitzulaufen, aber auch wenn ich hinter den Büschen schleiche – an der Haltestelle sehen sie mich natürlich und sagen: Husch wusch, Max, nach Hause, du kannst nicht mit. Lisa hat es wohl auch schon probiert, auch sie durfte nicht mit, versteh einer das als Katze.

Meine Familie mit Papa, Mama und den Jungs wohnt in der ersten Etage. Jonas, Moritz und Felix heißen sie. Unterm Dach werden dieses Jahr noch die Zimmer für die drei Jungs ausgebaut, eine Dusche mit Toilette ebenfalls. Da freue ich mich schon oben zu sein, wenn sie spielen oder Musik hören, das wird sicher interessant. Im Garten sitze ich gerne auf der großen Kletterstange und sehe ihnen beim Spielen zu. Ich habe Kinder gerne, Lisa mag das weniger.

Wenn der Opa im Anbau sitzt und sich mit seiner Briefmarkensammlung beschäftigt oder am Computer schreibt, liege ich gerne auf den Kissen auf der Couch. Da bin ich schon öfter eingeschlafen und der Opa ging raus, ohne dass ich es gemerkt habe. Opa dachte nicht an mich. Dann war ich in der Nacht alleine, das war vielleicht langweilig, keine Streifzüge konnte ich unternehmen, die Türen und Fenster waren zu. In letzter Zeit ruft Opa aber immer: »Hallo Max, wir gehen jetzt – komm«, und ich werde wach. So ist das gut.

Das passiert mir halt nicht, wenn ich oben bei Papa auf der Couch liege, das ist auch gemütlich, mal was anderes, das Fernsehgucken. Da flimmert's und macht's und tut's, da schlaf ich nicht ein. Wenn es mir dann zu viel wird, steh ich auf, geh zur Tür und sie lassen mich raus zu meinen nächtlichen Katzentreffs.

Zu meinem Namen möchte ich noch was sagen: Vor etwa vier Jahren hat meine Familie die Lisa und mich unter meinen Geschwistern auf einem Bauernhof ausgesucht. Das erzählen sie noch heute. Bei mir waren sich alle einig: Den süßen, kleinen Schwarzen wollen wir haben, und der heißt Max, weil wir ja einen Moritz schon in der Familie haben.

Die Lisa hat der Jonas ausgesucht, den Namen auch. Sie ist noch heute sein ›Bliebling‹, wie er sagt. Das ist aber auch so, das merkt man immer wieder, das beruht auf Gegenseitigkeit. Jonas hat bald Geburtstag und wird 13 Jahre. Er hat das Down-Syndrom, wie sie sagen, was immer das ist. Moritz ist diesen Monat zehn Jahre alt geworden und Felix wird im Juni acht Jahre alt. Sie haben eine Cousine, die Lucia, die wohnt mit ihrer Familie in Frankenthal, auch in einem Haus mit Garten. Wenn sie hier ist, spielt sie auch gerne mit im Garten, und ich sitze auf der Kletterstange und sehe zu.

Also, hinterm Haus ist ein großer Garten, drei Nussbäume haben darin Platz. Einer ist damals beim Sturm Lothar entwurzelt worden. Schade, aber im Jahr zuvor hatte der Baum vom Blitz schon einen Treffer abbekommen und der Stamm war gerissen, Ungeziefer war drin und er wurde wohl morsch. Aber zwei Nussbäume sind auch genug, wenn ich an das Laub denke, das die Familie zusammenrechen muss und zum Kompost bringen.

Im Frühjahr stellen sie dann ein Zelt auf, meist ist es blau mit weißen Streifen, einen großen, weißen Tisch und passende Stühle dazu. Mir sind die Farben nicht wichtig, mir gefallen die kuscheligen Sitzkissen. Wenn sie die abends draußen vergessen haben, lege ich mich nachts mal drauf. Da schimpfen sie am anderen Tag und sagen, von der gelben Farbe sieht man nix mehr, ob der Max abgefärbt hat? Dabei ist es nur der Schmutz vom Rumtreiben.

Neben einem Nussbaum steht ein wirklich großes Klettergerüst, richtig stabil. Zwei Schaukeln hängen dran und eine Kletterstange ist dabei. Auf dem obersten Balken sitze ich am liebsten und schaue zu, wenn die Kinder spielen. Wenn nicht zu viele da sind, lege ich mich ins Gras und sehe zu, wie der Jonas auf seiner Baustelle buddelt. Das ist toll, was er sich da eingerichtet hat. Viele Dreckhaufen und ein Rechen und eine Schaufel sind dabei als Arbeitsgeräte. Ein Absperrseil und ein Helm gehören noch dazu, alles ist ihm wichtig. Viele Freunde haben schon mitgespielt und Jonas sitzt vor allem im Sommer, wenn es schattig ist, stundenlang unterm Nussbaum. Er holt Wasser für die Gräben, die er aushebt, und feiert dann eine Schlammorgie. Wenn sie mit Wasser arbeiten, bin ich auf dem Balken in Sicherheit. Manchmal nehmen sie eine Schnur und spielen mit mir. Wenn ich hinter den Kindern herrenne, lachen alle. Einmal hatten sie eine Schnur liegen lassen und ich habe mich verheddert. Die Mama und der Opa haben mich dann befreit.

Dann steht da noch im Garten ein Häuschen, aus Steinen gemauert und mit einem Dach aus richtigen Dachziegeln darauf. Nett sieht es aus, das Gerätehäuschen. Der Rasenmäher, so sagen sie zu dem Ding, das immer so Krach macht und ich dann stiften gehe, und auch Schaufeln und sonstiges zum Graben sind drin.

Aber was ich erzählen will ist das vom Trampolin, das haben sie von ihrer Tante geschenkt bekommen. Das machen sie gerne, darauf herumhüpfen. Einmal setzten sie mich drauf und versuchten mich hin und her zu schieben, dann lachten sie noch. Sie wollten mir das Hüpfen beibringen, meinten sie. War ich froh, als sie den Versuch aufgegeben haben. Sie hatten auch mal die Idee mich auf eine Schaukel zu setzen, das war unangenehm und mir hat das nicht gefallen. Ich hab richtig Angst bekommen und war froh, als ich wieder herunterspringen konnte.

Im Sommer haben sie ein großes, aufblasbares Schwimmbecken neben dem Klettergerüst stehen. Das war ein Spaß, gerade wenn es richtig heiß war und andere Kinder zu Besuch waren. Einer wollte mich mal ins Wasser werfen, die Mama hat es gerade noch gesehen. Da bin ich aber stiften gegangen und wenn das Schwimmbecken aufgestellt wurde, bin ich immer weit weg gewesen.

Manchmal sind die Jungs schon richtige Schlingel, alle drei. Und eines Tages hat es geheißen, es seien Risse im Schwimmbecken, sicher waren das der Max und die Lisa mit ihren Krallen. Das hat mich schon geärgert, vielleicht war es aber auch so oder es waren Nachbarskatzen, wer weiß das schon. Ich denke, sie kaufen kein neues mehr, die drei sind ja jetzt schon größer und gehen öfter ins Schwimmbad.

Die Lisa hat schon öfter Mäuse vor die Türe gelegt, das finden alle toll. Aber wenn ich einen Vogel fange und hinlege, fragen sie: Ach, muss das sein, Max – igittigitt, so was aber auch. Ich verstehe das jetzt nicht ganz. Deshalb wohl sind die auf die doofe Idee gekommen, mir ein Glöckchen umzubinden. Was das mich geärgert hat. Klar waren die Vögel immer weg. Aber nach drei Tagen hatte ich das Halsband abgescheuert – huch, war ich froh. Sie haben es dann nicht mehr versucht mit dem Glöckchen.

Jetzt erzähle ich mal einige Dummheiten, die die Lisa gemacht hat. Also, weil sie halt der Liebling vom Jonas ist, wollte sie mit ihm zur Schule laufen. Auch wenn der Jonas öfter gesagt hat, Lisa, geh wieder nach Hause, ist sie mit zur Schule gelaufen. Die Schüler haben sich gefreut und Lisa hat sich dann unter dem Schrank versteckt. Der Hausmeister hat sie wieder hervorgeholt und die Mama angerufen, die hat Lisa abgeholt.

Ein anderes Mal ist sie alleine zur Schule gelaufen und hat auf Jonas gewartet, dann hat die Lehrerin zu Hause angerufen. Aber da kamen die auf die Idee, sie morgens festzuhalten, mal hat das die Oma gemacht, mal die Mama, dann konnte sie nicht mit Jonas laufen. Wenn der weg war, haben sie sie noch etwa eine halbe Stunde eingesperrt, dass sie nicht doch noch zur Schule laufe.

Der Knaller aber war der, dass die Lisa neben dem Jonas und der Oma bei der Fronleichnamsprozession mitgelaufen ist. Aber auf einmal war sie weg. Sicher ist sie zu Hause, bis wir kommen, dachten sie. Nein, das war sie nicht. Wir haben die Nachbarn in der Straße gefragt, im weiteren Umkreis. Niemand hatte sie gesehen. Einen Tag später erzählte uns die Tochter der Nachbarin, dass sie Lisa weiter weg gesehen hätte, bei der Straßenbahnhaltestelle. »Ruft doch mal im Tierheim an«, meinte sie. Richtig, dort wartete sie nur darauf abgeholt zu werden. Mama fuhr mit Jonas und einem Korb die Lisa abholen. Die Freude war riesig, Jonas war richtig glücklich und Lisa ebenfalls. Nur ich hatte gedacht: Wenn sie jetzt weggeblieben wäre, auch gut.

Zum Schluss will ich von meinem Abenteuer erzählen, das hat drei Monate gedauert, nicht wie bei Lisa nur drei Tage. Also, voriges Jahr wurde bei meiner Familie im ersten Stock eine neue Küche eingebaut. Das war natürlich viel Arbeit – vor allem viel Lärm, bis alles gepasst hat. Zwei Handwerker waren über mehrere Tage beschäftigt. Alles war mir dann zu viel. Als die dann das große Auto mit den Teilen für die Küche ausgeräumt hatten, habe ich mich reingesetzt. Jemand hat die Tür hinten zugemacht und keiner hat mehr nach mir geschaut. Ich muss vielleicht auch eingeschlafen sein, was weiß ich, jedenfalls fing es irgendwann an zu brummen und zu schaukeln und nach einiger Zeit stand das Auto still. Die Tür wurde geöffnet und die Männer holten Teile raus. Husch wusch, war ich im Freien. Wie gut, wenn man schwarz ist und es ist Nacht.

Aber wo war ich da? Nun, es gab Gärten und Häuser wie bei meiner Familie in der Gegend, aber ich kannte keine Stimme und wusste nicht wohin. Es war ja Sommer, also legte ich mich in eine Ecke in einem Garten, das bin ich ja gewohnt.

Zuerst hat es mir schon gefallen, alles Neue, und da kam ein kleines Mädchen und eine Frau und sie sagten: »Ach, ist das aber ein hübscher Kater, ein schöner Kerl«, und sie gaben mir zu Fressen und nahmen mich mit nach Hause. Fand ich gut, aber meine Familie fehlte mir so langsam schon. Was sollte ich denn zu diesen Menschen sagen?

Eines Tages ist dann die Mama mit mir zum Tierarzt gegangen und der hat was am Ohr abgelesen, eine Zahl, und die ist meine Registriernummer bei der Leitstelle. Dann wussten sie die Telefonnummer meiner Familie und riefen dort an.

Das war eine Überraschung und eine Freude, ein richtiges Hallo. Ganz schnell war die Mama mit dem Käfig da und hat mich abgeholt. Alle haben sich wirklich gefreut, nur der Lisa hat es nicht so sehr gepasst, sie hat mich nicht mal richtig begrüßt.

Niemand hat verstanden, warum diese netten Menschen nicht gleich am Ohr geguckt haben, das weiß man doch heute, dass man da eventuell eine Nummer ablesen und sich erkundigen kann, wem das Tier gehört. Vielleicht wollten sie mich auch nicht zurückgeben, möglich wäre es.

Inzwischen sieht jeder aus unserer Familie, der ins Auto steigt, nach, ob nicht irgendwo der Max versteckt ist, sagen sie, und holen mich dann raus. Beim Opa war ich schon mal hinten im Kofferraum drin, aber vorm Abfahren hat er es doch noch bemerkt. Habe auch gar keine Lust mehr so lange fortzubleiben, nur mal wieder etwas Spazierenfahren ...

Ganz besonders gut scheint es Oma und Opa in Spanien zu gefallen, Platz müsste da auch sein im Ferienhäuschen. Sie erzählen oft, die Katzen dort wären so mager. Was das wohl ist? Auf jeden Fall füttern sie ab und zu welche. Es muss aber eine größere Strecke mit dem Auto zu fahren sein und das wäre für mich sicher nicht einfach auszuhalten.
Dieses Jahr ist Oma wohl zum ersten Mal mit dem Flugzeug geflogen, sie war begeistert, wie gut das ablief, aber für mich unmöglich, weil ich doch noch nicht mal im Bus oder in der Straßenbahn mitfahren darf. Nun ja, im Sommer ist es hier auch schön im Garten und der Umgebung.

Es gäbe noch viel zu erzählen, vielleicht ein anderes Mal.

Urenkel Max in USA

Der Urenkel Max von Heinrich Koch (KAWECO), der in USA lebt, lernt seit einiger Zeit die deutsche Sprache. Er hat geplant, in etwa zwei Jahren nach Deutschland zu kommen und einige Zeit in Heidelberg zu verbringen, um seine Wurzeln kennenzulernen, wie er meint.

Als er in meinem Büchlein die Seite Mundart – Lady Lisa und Mister Max – lesen wollte, wusste er nichts damit anzufangen. Er zeigte dies seiner Deutschlehrerin und bat sie um eine Erklärung. Sie lachte und meinte: »Dürfte ich dieses Büchlein bei mir behalten? Ich würde diese Seiten gerne meinen Deutschschülern zeigen, um ihnen konkret zeigen zu können, welcher Dialekt in dieser Region gesprochen wird.«

Natürlich habe ich ihm nochmals ein Exemplar zugesandt.

Der BIO-Garten

Es gäbe einiges zu sagen zum Thema BIO-Garten.
Fragen über Fragen, die nicht so auf Anhieb
zu beantworten sind.

Der Kreislauf beginnt wohl mit der Frage,
was tun, wenn man zwar Katzen mag,
aber sie sollen nicht gerade hier im Garten
ihre Geschäfte machen,
und wie es Brauch ist bei den Katzen,
es auch noch hier verscharren.
Nein, das stellen wir doch möglichst ab,
besorgen uns zwar was ohne viel Chemie,
damit die Katzen bleiben künftig fern.

So weit – so gut, jetzt bleiben die Katzen
weg mit ihrem Dreck,
dafür machen es sich die Mäuse bequem.
Was wäre da zu tun? Was wäre da besser?
Kann man Fallen für die Mäuse stellen?
Diese Frage steht offen ...

Dann die Idee mit den Glitzerbändchen und Fähnchen,
um die Vögel abzuschrecken,
die wollen hier holen Kirschen und Beeren.
So weit – so gut, jetzt bleiben die Vögel zwar weg,
aber – oh Schreck: Jetzt haben wir das Ungeziefer.
Was wäre da zu tun? Was wäre da besser?

Kann man deshalb Netze spannen,
um die Vögel einzufangen?
Diese Frage steht offen ...

Dann noch unser biologisches Kartoffelbeet,
die Kartoffelkäfer fressen ratzekahl die Pflanzen.
Wir haben alles nach den Larven abgesucht,
aber diese dann entsorgen?
Was wäre da zu tun? Was wäre da besser?
Diese Frage steht offen ...

Es wird noch einige Probleme geben,
genau wie im täglichen Leben,
denkt man dabei an Schnecken und Läuse,
an Engerlinge und Wühlmäuse,
der Schädlinge gibt es gar viele.
Was wäre da zu tun? Was wäre da besser?
Diese Frage steht offen ...
und wir können nur hoffen,
den überzeugten Biogärtnern fällt etwas ein.

Sollten wir Menschen nicht der Natur
den Kreislauf überlassen,
so, wie alle einfachen Dinge das Beste sind,
gerade weil sie so simpel sind und sich selbst regulieren?

Der Johannisbeerstrauch

Ferienzeit. Sommer und Sonne. Thema des Tages: Freibadbesuch ja oder nein. »Gut«, erklärt die Mama ihren beiden Töchterchen, »wir können in dieser Ferienwoche gerne jeden Tag ins Freibad fahren, nachdem jede von euch zuvor ein Sieb Johannisbeeren gepflückt hat. Nächste Woche wollen wir ja zusammen mit Papa in Urlaub nach Spanien fahren und bis dahin sollten die Beeren gepflückt und verarbeitet sein.«

Die Töchterchen waren etwa acht und neun Jahre alt zu dieser Zeit und die Mama zeigte ihnen nochmals genau, wie man die Beeren samt Rispen am besten abpflückt. Es geht tatsächlich schneller so, ob ihr es glaubt oder nicht. Vor allem können sich die Sträucher nach der Ernte besser zurückbilden und erholen. So hat mir das jedenfalls meine Oma erklärt und die wusste was von der Natur.

»Ja, ja, schon gut!« Beide legten los. Währenddessen bereitete die Mama Gläser und sonstiges zum Marmeladekochen vor. Auch ein Kuchen sollte noch gebacken werden. So war jeder beschäftigt und freute sich nachmittags aufs Schwimmbad.

Da einige Johannisbeersträucher im Garten abzuernten waren, dauerte es auch einige Tage. Freitagmorgens beim Frühstück meinten die beiden: »Heute schaffen wir den Rest, das geht schnell.« »Stopp!«, sagte da die Mama, »mir scheint, ihr habt die Rispen nur teilweise abgepflückt und vereinzelt hängen da noch Beerchen dran, oder sollte ich mich da so täuschen? Was meint ihr dazu?«

»Aber Mama«, versuchten sie sich aus der Schlinge zu ziehen, »was denkst du nur von uns?« »Na, dann los, dann kann es ja kein Problem sein für euch, heute noch schneller fertig zu werden. Aber eines ist klar: Heute mache ich Kontrolle und möchte keine einzige Rispe oder Beere mehr an den Sträuchern sehen ...« Sie schluckten nur und legten los. Tatsächlich, bei der Kontrolle war weder eine Beere noch eine Rispe zu entdecken, das ließen sie dann doch nicht auf sich sitzen. Keine Frage, es hat dann doch etwas länger gedauert, aber was soll's, der Nachmittag war umso schöner mit einer Extraportion Eis.

Im Urlaub beim Kartenspielen erklärten sie der Mama: »Super, wie du uns da erwischt hast, eine gute Lehre – echt.« Den Rat der Oma haben wir inzwischen auch begriffen, es wird immer so viel von der Natur geredet und getan wird weniger. Vor allem, dass es im Leben wohl öfter so sein wird, dass einen etwas einholt, das man gleich zu Beginn hätte einfacher erledigen können.

Beide haben sich damals vorgenommen später einen Johannisbeerstrauch im Garten zu pflanzen. Tatsache, heute sind die beiden selbst Mamas von wunderbaren Kindern und jede Tochter hat in ihrem Garten einen Johannisbeerstrauch hinterm Haus.

Das Kuckucksnest

Die gesamte Vogelschar, Amsel, Drossel, Fink und Star,
das steht fest, bauen sich ihr eigenes Nest.
Das konnten wir schon in der Schule lernen,
in Naturkunde oder auch im Fach Zoologie,
die Vogelforscher erzählen uns das ebenso.

Kaum ein Mensch hat das selbst gesehen,
es wird uns erzählt davon und man spricht
vom Kuckucksnest und Kuckucksei und Kuckuckskind.
Diese Worte ein Begriff für Betrügerei
im Allgemeinen sind.

Selbst der kleine, freche Spatz und die kleine, leise Meise
bauen ihr Nest auf ihre Weise – klein, aber fein und mein.
Das ist wichtig und auch richtig, sie legen ihre Eier,
dann geht es ans Hüten,
wir nennen das Brüten, Sitzen,
so lange bis die Küken schlüpfen aus.
Bei dieser Brüterei machen sie öfter mal 'ne Pause
und schwupp dich, wupp dich,
da kommt doch geflogen so ein Banause.

Den Namen dieses Vogels kennt jedes Kind,
er legt in ein Nest nur jeweils ein Ei geschwind
und schwupp dich, wupp dich, ist er wieder weg
um zu lauern auf ein anderes ›gemachtes Nest‹,
legt wieder ein Ei ins nächste gemachte Nest.

Man sagt, es sind niemals zwei,
vielleicht, weil so der Betrug ist perfekt,
ein Ei wird dann doch nicht so schnell entdeckt.

›Frech‹ würden wir Menschen sagen,
dabei es soll ja auch Menschen-Kuckuckskinder geben,
das ist so in manchem Leben.
Auch das wird nicht immer gleich entdeckt,
und wenn, dann doch sind einige mehr als erschreckt ...

Nun wieder zu den Vogelkindern, das Ei ins Nest
zu legen wäre ja nicht so schlimm.
Aber wenn die kleinen Meisenkinder oder Spatzen
sind geschlüpft aus ihrem Ei,
richtig, das Kuckucksvogelkind ist ja auch dabei.
Die Eltern sind auf Nahrungssuche,
das kleine, fremde Kuckucksvogelkind
ist groß und frech und hungrig.
Es frisst viel mehr, wird stärker
und die armen Vogeleltern kommen nicht
mit dem Futter nach,
die kleinen Eltern werden der Sache bald
nicht mehr Herr.
Wie oft ist es da schon passiert,
dass ein junges Kuckucksvogelkind
die kleinen Spatzen- oder Meisenkinder
aus dem Neste schubst – keine Chance haben die.

Und das geht ganz geschwind, vor allem,
wenn die Eltern gerade weggeflogen sind.

Dann liegen die eigenen Kleinen
und piepsen auf der Erde ganz kläglich,
wehe, eine Katze streicht durch die Gegend,
schwupp dich, wupp dich, sind sie gefressen.
Die Eltern treffen sie nicht mehr an
und füttern dann das Kuckuckskind.

Tragik – grausame Natur?
Laune oder Vogelschicksal nur?
Wer hat das im großen Plan so gemacht?
Wir Menschen verstehen das nicht,
dass so ein Betrug auch noch funktioniert ...
›So ist die Natur eben‹, sagen wir!

Was aber wie ein Wunder ist, die Schwalbe baut ein Nest,
kein Kuckuck kann da legen hinein sein Ei.
Sicher ist, durch diese Öffnung kommt
kein Kuckucksbanause hinein, das steht fest.

Ist das nicht wieder ein Wunder der Natur,
zwar eines von vielen nur?
Auch wie kunstvoll die Schwalbe baut ihr Nest,
ein Kunstwerk im wahrsten Sinne des Wortes.

Die Hummel

Sie summt – sie brummt – ist nicht zu überhören!
Ist die Ursache dafür, dass ihr Körper zu schwer,
dass ihre Flügel sie könnten ohne Mühe tragen?
Muss sie sich deshalb plagen
und macht deshalb so ein Getöse?

Wie bei Forschern allgemein, auch bei Spezialisten
fürs Fliegen bekannt,
müsste die Hummel nach den aerodynamischen
Prinzipien gar nicht fliegen können,
und wenn sie doch startet, wieder herunterfallen.
Aber sie tut uns nicht den Gefallen,
sich an diese menschlichen Forschungen zu halten
oder sie sogar zu bestätigen.

Sie startet einfach los.
Zwar summt sie und brummt sie ... und fliegt doch!
Ein Wunder der Natur – wieder eines von vielen nur.

Der Maikäfer

›Maikäfer flieg – dein Vater ist im Krieg‹.
Dies ist die erste Zeile aus einem alten Kinderlied,
sicher nicht so lustig wie die Geschichte
von Onkel Fritz, erzählt von W. Busch –
der fünfte Streich von Max und Moritz.

Keine Frage, der Maikäfer ist eine Plage,
genau wie die Engerlinge, aus denen er sich entpuppt.
Die hatten etwa vier Jahre in der dunklen Erde verbracht,
bei ihnen gab es weder Tag noch Nacht.
Dies ist mal wieder eine Eigenart der Natur,
die es wohl gibt bei Engerlingen – Maikäfern nur.
Dort hatten sich die Engerlinge durch alle möglichen
Wurzeln gefressen,
verpuppt als Käfer dann fressen sie nun
Blätter von Bäumen,
wie uns die Biologen sagen, mit Vorliebe von Eichen.

Im Mai also, wenn es in der Dämmerung abends
summt oder brummt,
sind das die braunen Brummer,
wenn sie in Scharen fliegen los,
um sich zum Fressen auf die Blätter zu stürzen.
Sie übernachten dann auch noch in den Bäumen,
wer weiß, vom vielen Fressen vielleicht geplagt
von schweren Träumen,
um mit der nächsten Dämmerung neue Bäume

als Opfer zu suchen,
vielleicht, wenn nichts anderes zu finden,
nehmen sie mal Buchen.

Lustig ist nur die Geschichte,
wie Max und Moritz die Käfer schütteln vom Baum,
stecken sie dann in eine Tüte und legen sie
ins Bett von Onkel Fritz.
Wie der sich dann erschreckt und um sich schlägt,
weil er wurde geweckt
aus seinem tiefen Schlaf, und er gab keine Ruhe,
bis er alle erschlagen,
wir können darüber schmunzeln
und Onkel Fritz konnte ruhig weiterschlafen.

Früher haben manche Kinder einen Maikäfer
in eine Streichholzschachtel gesteckt
und damit andere Kinder oder auch mal
Erwachsene geneckt.
»Guck mal, was ich da habe«, oder die Schachtel auch
irgendwo versteckt,
und wenn jemand die Schachtel öffnete –
hat er sich erschreckt?

Der Siebenpunkt oder Marienkäfer

Dieser niedliche, kleine, nette Käfer
ist wenigen unter diesem Namen bekannt,
meist wird er Marienkäfer genannt.

Totstellen und Fallenlassen sind eine Spezialität von ihm,
um sich vor seinen Feinden zu schützen,
obwohl dem Käferlein wird es wenig nützen.
Die Insekten und Vögel, deren Lieblingsspeise
sie nun mal sind,
haben sie schwupp dich, wupp dich, gefressen,
das geht ganz geschwind.

Entdecken wir Menschen so ein tot gestelltes Käferlein,
wollen wir gleich der Retter sein.
Blasen das arme Käferlein an,
denken aber nicht daran,
wie es sich erschreckt, weil wir es haben entdeckt.
Durchs Blasen reckt und streckt es sich,
breitet die Flügelchen aus und startet los,
hoffentlich landet es auf einem Blatt bloß
oder aber auf einer Blüte.

Du meine Güte,
fragt sich das Käferlein,
wenn es sich jetzt setzt,
was war das eigentlich jetzt?
Ein eigenartiger Windhauch,
und ruht sich erst mal aus.

Hungrig und erschöpft ist es jetzt,
aber da sieht es ja schon seine Lieblingsspeise,
eine ganze Schar von Läusen,
und sogleich hat das Käferlein eine Menge
davon verspeist.

Nachdem es dann war satt,
fühlt es sich zwar matt,
aber richtig gut und wohlig,
begibt sich dann zur Ruh, macht seine Äuglein zu.

Ergänzung zu Siebenpunkt oder Marienkäfer

Noch kurz zu erwähnen wäre nur eine
Eigenart von Mutter Natur,
nämlich der niedliche, rote Siebenpunktkäfer –
das weiß sicher nicht ein jeder,
schlüpft aus der Puppe, zuvor aus der Larve,
die sich hatte vier Mal gehäutet.
Beim Schlüpfen dann endlich aus der Puppe
hat er eine gelbe Farbe,
wird erst nach und nach rot,
wie wir ihn mögen und kennen,
ihn deshalb auch niedliches, rotes
Marienkäferchen nennen.

GÖTTER, GRÄBER und GELEHRTE

Götter, Gräber und Gelehrte,
allseits bekannt als Buch in den 50er Jahren.
Zu lesen war da vieles, auch vom Pharaonenfluch,
der die trifft, die die Ruhe der Toten nicht wahren.

War es allein der Glaube an den Fluch?
War es die Theorie von giftigen Pilzen an den Mumien,
die dort lagern? – Vielleicht beides,
da seltsame Todesfälle waren zu beklagen.

Bis heute wurde so vieles geschrieben von Gold,
Kunst und Schätzen in den Pyramiden,
von Mumien, Monumenten und Sarkophagen,
von Hieroglyphen weniger, das lag im Argen.

Hat man uns die wahrheitsgemäß übersetzt?

Wieso, wozu und von wem wurden seit damals mehrmals
Ausgrabungen gestoppt, salopp gesagt, gemobbt …?

Wissen wenige, was uns ist nicht bekannt?
Aber sollte man wünschen zu wissen es genau?
Geht es uns dann wie im Märchen dem Fischer
und seiner Frau?
Am Ende waren sie genauso schlau
und hatten ihre Wünsche dann vertan.

KÖNIGIN von SABA

Königin von Saba wurde sie genannt,
ihr Name ist uns nicht bekannt.

Schon in der Bibel steht geschrieben,
die schöne Königin von Saba
besuchte einst den weisen König Salomon.

Unermessliche Schätze habe sie besessen,
nicht nur schön und reich, auch wissend sei sie gewesen.

Aber was bei König Salomon wurde weise genannt,
die Königin von Saba wurde als Hexe bekannt.

Warum, wozu, weshalb ist wohl so wenig bekannt
wie ihr Name und wo genau lag ihr Land?

Pyramiden

Im Lande Ägypten – mitten im Sand – stehen Pyramiden,
allseits bekannt.
In anderen Ländern, wie Mexiko,
gibt es Pyramiden ebenso.
Das ist richtig, aber wichtig ist wohl eher der SPHINX ...
Welch ein Geheimnis könnt er bis heute bewahren
in all den vielen Jahren ... In all dieser Zeit
als steinerner Wächter ...?

Ob in seinem Innern Symbole lagern –
als Hinweis vielleicht
auf Raum und Zeit, auf die Ewigkeit,
auf andere Dimensionen,
auf Sternentore, durch die wäre dorthin zu kommen?

Aber wäre die Menschheit schon heute bereit
mit diesem Wissen umzugehen?

Jed' Ding hat seine Zeit unter der Sonne,
steht schon in der Bibel geschrieben,
und vielleicht ist die Zeit noch nicht gekommen
für diese Symbole.

Die Pyramide auf dem Marktplatz in Karlsruhe

Die ›Kleine Pyramide‹ in KARL'S-RUHE

Ein Dichter aus Colmar, mehr im Elsass als hier bekannt, wurde mit Namen Gottlieb Conrad Pfeffel benannt.

Er war im Kreise von Goethe und Hofrat Jung-Stilling gewesen, auch Markgraf Karl Friedrich hat in dieser Runde gesessen.

Er hinterließ unter anderem diese Zeilen:

›In einer Stadt der Atlantiden
stand auf einem großen Platz sonst eine Pyramiden.
Ihr Herren Atlantiden – die Menschen und
die Pyramiden
sind nicht gemacht um auf dem Kopf zu stehen.‹

Der Sinn dieser Zeilen ist bis heute nicht ganz klar,
dafür ist eines ganz sicher wahr,
dass es ein Wunsch von Karl Friedrich von Baden war,
diese Pyramide als Grabmal am Marktplatz
für sich zu planen.

Was aber der wirkliche Beweggrund war?

Ein Hinweis vielleicht, schon Goethe hatte in seiner Autobiografie ›Dichtung und Wahrheit‹ vom heiligen Boden ›bei Karlsruhe‹ gesprochen.

Vielleicht wäre so viel dazu zu sagen,
diese Pyramide ist ein Symbol,
wie viele uns bekannte Pyramiden auf Erden,
die sollten noch mehr erforscht und gedeutet werden.

Das Besondere aber an dieser ›kleinen Pyramide‹ ist klar:
Noch heute steht sie auf dem Marktplatz der Stadt
›KARLS-RUHE‹, als Erinnerung an ihren Erbauer,
Karl Friedrich von Baden.
Erinnert an ihn auch als den Erbauer der wunderbaren
Stadtanlagen, ein Straßenfächer, wie eine Sonne vom
Schloss ausstrahlend.
Ein Symbol ganz eigener Art:
KARLSRUHE – eine Sonnenstadt.

Es war der Traum des Karl Friedrich
von einer ›neuen Stadt‹,
in der Schule gelehrt – im Heimatkundebuch
nachzulesen.
Sein Stamm-Schloss war in der Stadt Durlach
genannt die Mutter von Karlsruhe – gewesen.

Karlsruhe kennen – Karlsruhe lieben

Oktober 2005

»Karlsruhe kennen – Karlsruhe lieben«,
dieser Slogan ist mir in Erinnerung geblieben,
da ich persönlich ein großer Fan von Karlsruhe bin.
Wir sind sicher schon in vielen Städten gewesen, haben
auch viel über andere Städte gelesen,
immer wieder komm ich zurück – Karlsruhe ist und
bleibt für mich das beste Stück.

Auch andere Städte haben Schlösser,
aber nicht so einen Straßenfächer,
vor allem haben sie nicht mitten auf dem Marktplatz
eine Pyramide stehen,
damals erbaut von Karl Friedrich von Baden,
kann man sie noch heute sehen.
Bemerkenswert der Straßenfächer vom Schloss,
wie von einer Sonne ausstrahlend.
Karlsruhe wird die Tochter genannt, wobei Durlach wird
als die Mutter davon benannt.
Der Turmberg bei Durlach ist nicht nur bekannt, man
kann dort vom Turm aus sehen ins Land,
auch auf die Dächer und Straßen von Karlsruhe sehen,
vor allem bei schönem Wetter ist das sehr imposant.

In diesem Loblied auf Karlsruhe finde ich noch wichtig
zu erwähnen:
Kaspar Hauser ist mit Karlsruhe untrennbar verbunden,

auch wenn damals angeblich sind
Unterlagen verschwunden,
ist doch bis heute nicht ganz klar, ob er nun ein
vertauschter Prinz aus dem Hause Baden war.

Da war dann doch ein neuer Slogan erdacht,
wobei wir jetzt wieder wären in der heutigen Zeit.
Dieser Slogan Nummer zwei hat wohl die
Runde gemacht.
In schwarzer Schrift auf gelbem Grund stand da zu lesen:
»Karlsruhe viel vor und viel dahinter«, hieß es da,
und mir ist es bis heute nicht ganz klar,
ob dies nicht ein Rätsel für Kinder war.
Da aller guten Dinge sind drei,
wäre ein neuer Slogan nicht zu verachten,
wenn man dabei könnte ein konkretes Thema beachten:
»Karlsruhe will die Fahrradstadt Nummer eins werden.«

Zum Abschluss wollt ich doch noch fragen:
Kennt ihr den Test, aus dem sich ablesen lässt,
ob jemand ein waschechter gebürtiger Karlsruher ist?
Sag e mol: »Zwoi woiche Oier in oinere Roih«,
noi, so oifach ischs net – lese – des kann a jeder,
sage muss mer des un here
alle Dehnunge und Bedonunge,
dann isch er echt, der Tescht,
ob's an waschechder Karlsruher isch.

»Hier wurde ein Geheimnisvoller geheimnisvoll getötet«
Lateinische Inschrift auf dem Ansbacher Denkmal
für Kaspar Hauser

Kaspar Hauser

Kaspar Hauser wird er genannt,
sein Geburtsname ist wohl nur ganz wenigen
Menschen bekannt.

Ein Rätsel – nicht nur seinerzeit, noch immer wird
geraten bis heut,
ob er nun war ein vertauschter Prinz.
Die einen sagten ja, die anderen nein, aus dem Hause
Baden soll er gewesen sein.

Wenn es wirklich so war,
dass er als kleines Kind vertauscht und versteckt
gewesen,
dann hätte das Ganze zum Thema ›Karlsruhe‹ Bezug,
und dann wäre es ja wirklich ein großer Betrug.

Auf seinem Grabstein steht wörtlich zu lesen,»ein
Geheimnisvoller« sei er gewesen,
aber warum und weshalb das alles geheimnisvoll war,
das ist uns bis heute nicht ganz klar.

Vor allem, wenn wir diesen ganzen Satz erfassen:
»Hier wurde ein Geheimnisvoller geheimnisvoll getötet«,
und dann noch das Neueste begreifen sollen:

Vor etwa drei Jahren fand man ›angeblich‹ eine Spur,
es war zwar eine Unterhose nur

aus dem Jahre 1810 – auf dieser war ›angeblich‹
ein Blutfleck von ihm zu sehn.

Nach der Analyse ließ man verlauten:
»Dieser Blutfleck beweist, dass dieses Blut nicht
von einem Prinzen aus der Badener Linie ist.«

Da wären wir wieder am Anfang,
wie vor etwa 250 Jahren,
als sich die Menschen auch nicht einig waren:
Ja oder nein ... kann er ein Prinz gewesen sein?

Die Frage bleibt offen, was sollen wir denken
über einen ›angeblichen‹ Fleck aus dem Jahre 1810
in einer Unterhose?

Ganz abgesehen davon, wenn wir uns erinnern,
wie das war
mit einem ›Fleck auf einem Kleid‹ im fernen Amerika ...,
vor gar nicht allzu langer Zeit wurde das in den Medien
berichtet lang und breit.
Bis man es überhatte.

Was will man uns heute nicht noch alles glauben machen,
ist hier wohl die Frage!

Das Wunder

Unmögliches erledigt man sofort ... so man es kann.
Das Wunder dauert seine Zeit, das weiß doch jeder,
der gescheit.

Darum ist für viele folgerichtig, dass Wunder
ganz besonders wichtig.
Und sie missbrauchen dreist und munter das
wunderbare Wörtchen Wunder.

So kann man in den Medien hören, sehen und auch lesen,
von ›Wundern‹, die noch nie gewesen.
Trotz aller ›Wunderheiler‹ heut, gibt es noch
viele kranke Leut.

Das ist, das meine nicht nur ich, doch wirklich
sehr verwunderlich.

Das Wort

»Am Anfang war das Wort« – steht in der Bibel.

Er gab sein Wort als ein Versprechen, mit Handschlag besiegelt.

Die meisten Menschen wissen nichts von der wohltätigen, aber auch der verhängnisvollen Macht des Wortes und somit von der großen Verantwortung ihrer Worte, aber auch ihrer Gedanken.

Sie spüren nicht, dass die Schallwellen beim Sprechen Träger von Bildern und Symbolen sind, deren letzte Auswirkungen meist zum Urheber zurückkehren.

Alle verneinenden, lieblosen Worte schädigen den Sprecher auch selbst. Sie können Disharmonien auslösen und Keime für seelische und körperliche Beschwerden legen, somit unbewusst Auslöser für manche Krankheiten sein.

Worte haben auch den großen Nachteil, dass sie von jedem jeweils anders aufgenommen und auch anders ausgelegt werden können. Man sollte sie möglichst abstimmen, um Missverständnisse zu vermeiden.

Krankheit

Krankheit ist die Folge einer Disharmonie von

    Seele   Körper   Geist

Die Seele sendet über den Körper ihre Signale aus. Man geht davon aus, dass körperliche und seelische Prozesse miteinander verbunden sind und dass körperliche Symptome Hinweise auf psychische Störungen enthalten.

Krankheit ist Ausdruck seelischen Leides und zeigt unsere Schwachstellen auf.

Krankheit ist nicht als Übel zu betrachten, sondern eher schon als ein Zeichen für eine Störung des Gesamtgleichgewichts und zugleich als Versuch die Harmonie des Systems wieder herzustellen.

Eine Erkrankung kann ein wichtiger Zeitabschnitt im Leben eines Menschen sein. Die Erfahrung der Schwäche, des Schmerzes und des Leides kann der Beginn einer Neuorientierung sein und einen persönlichen Reifungsprozess in Gang setzen.

Um die Bedeutung eines körperlichen Symptoms hinsichtlich seiner seelischen Ursachen zu verstehen, bedarf es einer sehr guten menschlichen Beratung.

Die Zahl 7

Bei dieser meiner Lieblingszahl fällt mir ganz spontan
ein kleiner Reim aus Kindertagen ein:

»Ich habe 7 Häute und beiße alle Leute.«
Die Zwiebel ist gemeint, das weiß doch jeder heute.

Ein kleines Wunder der Natur – und eines von vielen nur,
schneidet man sie genau durch in der Mitte,
kann man diese 7 Schichten oder Häute
der Zwiebel sehen.

Man glaubt es kaum,
es sieht ähnlich aus wie bei einem durchschnittenen
Stamm von einem Baum,
da kann man dann die Schichten als Jahresringe zählen.

Von der Zahl 7 wird berichtet in Träumen, Gedichten
und in Märchen.

Bei Schneewittchen und den 7 Zwergen
hinter den 7 Bergen,
auch von den 7 Schwänen, die waren verzauberte
Prinzen.
Das tapfere Schneiderlein erschlug gleich 7
auf einen Streich.

Ganz anders war es mit den 7 Schwaben,
die wohl nicht ganz so tapfer waren.

Die 7 Wochentage kennt wohl jedes Kind,
aber wer weiß genau, wo und was die 7 Weltwunder sind?

Der Regenbogen ist wahrlich selten am Himmel zu sehn,
ein Glückssymbol mit seinen 7 Farben.

Der Siebenschläfer ist ein Tier und ein bestimmter Tag,
dazu der Volksmund sagt,
so, wie das Wetter an diesem Tag,
wird es sein Tag für Tag und das 7 Wochen lang.

Nicht zu vergessen der Siebenpunktkäfer –
Glück soll er bringen, sagt jeder.

Schon mancher sagte, pack deine »Siebensachen«,
das ist dann wohl weniger zum Lachen.

Wie oft schon eine Ehe zu Ende war?
Öfter mal im »verflixten 7. Jahr«.

Die Rede ist oft vom 7. Sinn,
viele Menschen meinen, sie alleine hätten Anspruch
auf ihn.

Die 7 Weltwunder wären noch zu erwähnen, und zwar
die 7 bekannten aus der Antike und
die 7 aus der Neuzeit erwählten

Einst hatte ein Pharao einen Traum, man glaubt es kaum,
von 7 mageren und 7 fetten Kühen – so wird es in der
Bibel berichtet.

Aber kein Traumdeuter am Hofe konnte ihm deuten
den Traum.

Ein Fremdling am Hofe, mit Namen Josef,
der wurde vor Jahren von seinen eigenen Brüdern
als Sklave verkauft,
aus Eifersucht, weil er der Liebling des Vaters war.

Er wurde zum Pharao gerufen und Josef deutete den
Traum. Er sagte:
»Herrscher, der Traum wurde dir von Gott gegeben als
Hilfe für dein Volk.

Denn wisse, die 7 fetten Kühe sind 7 Jahre gute Ernten,
die 7 mageren Kühe aber bedeuten 7 Jahre Missernten.
Nun kannst du in den guten Jahren die Kammern für die
schlechten Jahre füllen,
so kannst du deinem Volk helfen und die Menschen
leiden nicht unter Hungersnöten.«

So kam es, dass Josef zu Ruhm und Ehren am Hofe des
Pharaos kam,
da er als Verwalter eingesetzt wurde und sich alles so
zutrug, wie er es gedeutet hatte.

Seine Brüder ließ er nicht bestrafen und sie feierten ein
Fest. Sein Vater kam ihn trotz des hohen Alters besuchen
und alle lebten glücklich und zufrieden, und wenn sie
nicht gestorben sind, dann leben sie noch heute …

Alles hat seinen Sinn

Alles ist im Fluss.
Alles hat seine Zeit.
Alles hat seinen Sinn.

Erkenne ihn.

Was du erlebt,
was dich erfreut,
was du erfahren hast bis heut,
was du erlitten – es gehört dazu,
das ist dein Leben – das bist du.

Grüble nicht, ach, hätt ich doch dies so
und jenes nicht getan.
Auf das Ganze kommt es an.

Erkenne es.

Alles ist im Fluss.
Alles hat seine Zeit.
Alles hat seinen Sinn.

Erkenne ihn.

Der Faden durchs Labyrinth

Was soll's … das Lot,
der rote Faden ist's,
nein, weder weiß noch rot.

Was wichtig ist? Die Farbe nicht.
Der Faden ist's alleine.
Der hilft aus Dunkelheit ans Licht
durchs Labyrinth des Lebens.

Regenbogen als sichtbares Zeichen

Eile und weile – je nachdem.
Hast und Eile
nehmen dir die Zeit,
und Zeit ist ein relativ Ding.

Alles im Leben ist eh wie ein Ring.

Anfang und Beginn.

Symbole des Lebens
   des Todes
   der Wiedergeburt

So, wie das Wasser vom Himmel zur Erde,
das ewige Vergehen und Werden
im ewigen Kreislauf der Natur ...

So ist's beim Menschen,
bei jedem auf seine ureigene Weise.

Von Zeit zu Zeit aber sind Regenbogen dabei.

Wahrlich ein seltenes Glück als sichtbares Zeichen ...

Der Dornenstrauch

Warum denn später – warum nicht jetzt?
Du selbst hast Grenzen dir gesetzt,
und wird dir heute das ganz klar,
kein Andrer das gewesen war,
der diese Grenzen dir gesetzt.

Erkennst du das – dann bist du frei
für immer, dann – wenn du es willst.
Dann werden nicht nur für dich
die Rosen keine Dornen haben,
dann wird dir selbst ein Dornenstrauch Rosen tragen.

EWIGKEIT

Was ist ZEIT – was ist EWIGKEIT?
Worte nur – Symbole?

Wer weiß das zu sagen ... Fragen über Fragen.

Was sind Sekunden, Minuten, Stunden
als Symbole für den Begriff der ZEIT,
als Hinweis auf die EWIGKEIT?

Wer weiß das zu sagen ... Fragen über Fragen.

Es geht die Sage oder Mär,
dass da ein kleines Vöglein wär,
das wetzte sein Schnäbelchen an einem Riesenberge
nur alle 1000 Jahr.
Dies sei ein Symbol für eine Sekunde der EWIGKEIT.

Wer weiß das zu sagen ... Fragen über Fragen.

Wo käme das Vöglein her, wo flöge es hin?
Was hätte das alles für einen Sinn ...?
Was wäre, wenn der Berg wäre abgewetzt,
mit den Stunden, Minuten und Sekunden ...?
Wäre das nicht im großen Plan,
fängt dann alles wieder von vorne an?

Wer kann das schon sagen!
Es bleiben Fragen über Fragen ...
über die ZEIT, die EWIGKEIT und GOTT ...

Die andere Sicht

der Wind, der Wind ... sei still mein Kind ...

die Tore öffnen sich
so weit fürs Licht
für eine andere Sicht.

Alles hat im Leben einen Sinn gegeben
wenn du Abstand hast
und befreit bist von der Last als Gast
hier auf der Erden.

Reif für die Insel

Die Frage wäre die:
Bei welchem Menschen hat es nie in seinem Leben
schon Zeiten gegeben,
in denen er sich nicht reif für die Insel fühlte?
Eine Insel wie ein Traum – Sonne, Palmen und Strand,
azurblaues Meer und Ruhe und Frieden.

Aber nichts ist mehr, wie es war – Träume sind Träume
und früher ist früher – Vergangenheit.
Tatsache ist die, durch diesen Tsunami
ist die Aussage »reif für die Insel« in ihrer Bedeutung
nicht mehr dieselbe.

Aber träumen kann man immer und zu jeder Zeit,
wie früher in der Vergangenheit.

Kloster Montserrat in Spanien

Vor etwa 30 Jahren, als unsere zwei Töchter noch klein waren, sind wir mit dem Auto in Urlaub nach Malgrat, im Norden von Spanien in der Nähe der französischen Grenze gelegen, gefahren. Mein Mann entdeckte an der Rezeption des Hotels einen Prospekt mit dem Angebot: »Tages-Bus-Ausflug zum Kloster Montserrat«. Gelesen, nachgefragt, die Fahrt gebucht und begeistert vom Ausflug, so war es für meinen Mann. Unsere beiden Töchter und ich verbrachten den Tag derweil am Strand. Und da er so beeindruckend vom Kloster erzählte, beschlossen wir, später mit dem Auto dorthin zu fahren. Aber ›später‹ war dann doch später als gedacht, etwa 20 Jahre später, aus vielerlei Gründen.

Also planten wir im August 1986 mit dem Auto ohne Kinder nach Spanien ins Ebrodelta zu fahren, zuerst wieder nach Malgrat in dasselbe Hotel, interessiert daran, was sich so alles verändert hätte im Laufe der Zeit. Da Montserrat auf dem Weg ins Ebrodelta liegt, wollten wir auf der Hin- oder Rückfahrt dort einen Besuch machen. Nach acht Tagen Aufenthalt in Malgrat wollten wir weiter – geplant war der Besuch des Klosters auf der Hinfahrt. Einen Tag vor der Weiterreise wollte ich dann doch erst auf der Rückfahrt zum Kloster.

Was nun meinte mein Mann dazu? »Das ist doch so gar nicht deine Art – einmal Hinfahrt, einmal Rückfahrt. Kannst du mir einen guten Grund für diese Entscheidung nennen?«»Eigentlich nicht, nur mein Gefühl ...«»Also ... Gefühl hin oder her, geplant war der Besuch auf der Hinfahrt und jetzt lassen wir das so.« Gesagt – getan. Zwei Ortschaften vor der Auffahrt zum Kloster trafen wir auf eine Polizeisperre, ein Riesenaufgebot von Polizei und Feuerwehr. Sie hielten alle Autos an und erklärten:»Es ist keine Auffahrt zum Kloster Montserrat möglich, ein Feuer ist gestern Morgen ausgebrochen.« Sie würden alles tun, um es in den Griff zu bekommen. Touristen, die gestern das Kloster besichtigten, könnten nicht mehr abwärts fahren und seien oben eingeschlossen.

Wir sahen uns nur an und dachten wohl beide dasselbe: gestern Morgen und dieses Gefühl in mir. Dann sahen wir auch Hubschrauber, die Wasser versprühten, den Rauch- und Brandgeruch konnte man auch wahrnehmen. Also hieß es wenden und zurück auf die Autobahn zum Ebrodelta. Es hat uns dort so gut gefallen, dass wir inzwischen begeisterte Spanienfans sind und oft zum Delta fahren, aber auch zum Kloster.

Wie wir dann aus den Nachrichten im Fernsehen erfuhren, waren keine Menschen zu Schaden gekommen, das Kloster selbst blieb ebenfalls vom Feuer verschont. Ein Großteil des Gebüsch- und Baumbestandes des Berges war aber verbrannt. Ein Jahr danach haben viele Katalonier einen Baum gepflanzt, zum Zeichen ihrer Verehrung von Kloster Montserrat mit ihrer schwarzen Madonna – ihrem ›Heiligtum‹. (Montserrat bedeutet ›zersägter Berg‹.)

Ich persönlich bin ein Fan von Kloster Montserrat. Es hat für mich auch die Bedeutung: Bei einem Gefühl in mir, das ich zuerst nicht einordnen kann, weiß ich: Vorsicht – abwarten und nachdenken. Inzwischen gibt es in der gesamten Familie eine Aussage, die sich wie ein roter Faden durch all die Jahre zieht:

»Wieder eine Kloster-Montserrat-Situation?«

Matroschka

Heute sind wir unter diesem Namen weltweit bekannt als russische Puppen, aus Holz gefertigt. Inzwischen werden alle Puppen so genannt, die man aufdrehen kann und in deren Inneren sich immer wieder kleinere Ausgaben der Originalpuppe befinden. Das ist die Überraschung: Wie viele kleinere Püppchen werden es wohl im Inneren sein? Von außen ist das nicht zu erkennen, eventuell durch die Größe der Puppe könnte man es erraten.

Es soll ja Puppen geben, die haben nur zwei kleinere Püppchen in sich. Aber es wird auch von Puppen erzählt, die bis zu 60 kleinere Ausgaben enthalten, man stelle sich das mal vor. Allerdings sollen diese Puppen dann etwa so groß sein wie ein Mensch. In unserem Bekanntenkreis habe ich noch keine solche gesehen.

Der Name ›Matroschka‹ wird wohl abgeleitet vom lateinischen Wort ›Matrona‹, was so viel wie ›Mutter‹ bedeutet. Auch ›ehrbare Frau oder Mutter der Familie‹ könnte man sagen. Ende des 19. Jahrhunderts war der Mädchenname ›Matrjona‹ der beliebteste in Russland. Der Kosename davon war Matroschka, und das wird der wahrscheinliche Ursprung des Namens sein.

Wie die Ahnen erzählten, soll die Frau eines reichen Kaufmanns aus dem Hause Sawa Mamontow uns Ende des 19. Jahrhunderts von der japanischen Insel Honshu nach Russland gebracht haben, weil sie so begeistert von uns war. Damals sollen wir noch anders ausgesehen haben. Leider gibt es aus dieser Zeit keine Zeichnungen.

Allerdings gibt es noch eine andere Meinung, nach der uns ein russischer Mönch angefertigt haben soll. Wie dem auch sei, inzwischen ist unsere Heimat Russland und unser Name Matroschka.

Um 1880 scharten sich berühmte russische Künstler um den reichen Kaufmann Mamontow, der auch gerne als Mäzen auftrat. Es wurde eine Künstlerwerkstatt in der Nähe von Moskau eingerichtet, dort wurden volkstümliche Spielzeuge und Puppen aus allen Teilen des Landes gesammelt.

Der Künstler Sergej Maljutin machte die ersten Skizzen von unseren Ahnen. Er zeichnete ein rundliches Gesicht mit strahlenden, großen Augen, die Kleidung bestand aus einem bodenlangen Trägerkleid und die Haare wurden von einem großen, bunten Kopftuch bedeckt. Andere wiederum hatten eine Russenbluse an, die seitlich versetzt geschlossen wird, dazu einen taillierten Herrenmantel. So wurden wir in den Jahren 1801 angefertigt, erst später bekamen wir unser heutiges Aussehen: komplett aus Holz gedrechselt, in der Mitte zu öffnen und bunt bemalt mit verschiedenen Motiven und Farben.

Anlässlich der Hundertjahrfeier zum Gedenken an den russischen Feldzug von 1812 gab jemand den Auftrag für eine Serie von Puppen, die den russischen Feldmarschall Michail Kutusow und den französischen General Napoleon Bonaparte darstellen sollten. Diese zwei Oberbefehlshaber machten die größten Puppen aus, die sich im Krieg gegenüberstehenden feindlichen Generäle wurden entsprechend kleiner gefertigt, damit sie in ihre jeweiligen Befehlshaber hineinpassten. Vielleicht wurde mit diesen Puppen gespielt wie beim Schach, wer weiß. Eines steht fest: Diese Puppen waren so wertvoll und teuer und wurden auch limitiert, dass sie sich nur die Reichen und Mächtigen des Landes leisten konnten. Das war eine Zeiterscheinung, könnte man sagen.

Heute freuen wir uns, wenn wir in Touristen- und Andenkenläden auf der ganzen Welt mit freudigen Ausrufen bedacht werden. »Guck mal, wie nett und niedlich!«, heißt es oft, »wie viele kleine Püppchen mag sie wohl in sich haben?« Zu Hause dann, als Mitbringsel bewundert, ähnliches: »Ach, ist die hübsch, und die Farben und die Blumen und wie viel kleinere Püppchen hat sie im Innern?« So sollte es auch sein und es freut uns immer wieder.

Und wenn sie nicht gestorben sind, so leben sie noch heute.

Seit Oktober 2001 gibt es ein Matroschka Museum im Zentrum in Moskau.

Wolfartsweier

Dieser Name weckt viele Erinnerungen bei mir, vor allem aus der Kindheit. Es sind meine Erinnerungen. Als Kind sieht man sicher manches anders wie als Erwachsener. Auch hat man als Kind mehr als der Umwelt lieb war von dem aufgenommen, was erzählt wurde, auch wenn es nicht immer den Tatsachen entsprach.

Hier habe ich ein Schreiben vor mir liegen vom Regierungspräsidum Karlsruhe mit Datum 22.5.2007 zum Thema »Flurneuordnung Karlsruhe-Wolfartsweier (B 3). Einladung zum Anhörungstermin am Dienstag, den 19.6.2007 in der Hermann-Ringwald-Halle Wolfartsweier«. Die steht in der Schloßbergstraße neben dem Freibad, das wusste ich.
Im Grundbuchamt Durlach ist das Ackerland im Gewann Streitland auf meinen Namen ausgewiesen. Es liegt zwischen Ettlingen und der Autobahn vor Wolfartsweier und ist ein langes und schmales Handtuch, wie wir sagen, beginnt oben am Waldrand und zieht sich bis runter zur B 3. Vielleicht könnte man da etwas Land dazubekommen, überlege ich mir. Also informiert bin ich, den Termin habe ich notiert – jetzt nur noch rechtzeitig zum Termin in der Halle anwesend sein.
Am Tag des Termins kamen auf der Fahrt vom Stadtteil Nordwest von uns aus zur Schloßbergstraße einige Erinnerungen an den Schulweg von Durlach nach Wolfartsweier auf. Noch viel mehr Erinnerungen tauchten auf, als wir am Haus Schloßbergstrasse Nr. 7 von Oma Lehmann vor-

beifuhren zur Halle. Ich war rechtzeitig da, weil ich noch erkunden wollte, was sich da in der Umgebung alles verändert hatte.

Beim Rundgang sah ich als Erstes den längeren Weg in den Wald nach links oben. Das war damals unsere Schlittenbahn, wenn wir viel Zeit hatten. Es dauerte schon etwas, bis man oben am Startpunkt angekommen war, dafür war die Abfahrt aber super lang. Als Kind bin ich eines Tages mit anderen zusammen in den Graben gefahren und habe mich dabei mit der Kufe meines Schlittens an der Schläfe verletzt. Viel Blut, der Schreck und Glück im Unglück, dass am Auge nichts passiert war. Jahrelang hat man noch eine kleine Schramme gesehen. Sicher habe ich viel, laut und lange geheult, bis ich nach Hause kam. Es haben dadurch wohl einige Nachbarn in der Schloßbergstrasse alles mitbekommen.

An die Burg oben erinnere ich mich noch, wir haben dort oft Pilze gesucht und auch gefunden. Von der weißen Dame der Burg wurde oft erzählt, die vor allem nachts umgehen würde. Auch von einem unterirdischen Gang, der bis zur Rittnertstraße in Durlach am Turmberg führen würde, war die Rede. Viele Schätze sollten dort versteckt sein. Auch sollte dieser Gang ein Fluchtweg für die Menschen auf der Burg gewesen sein. Solche Geschichten gibt es einige und an vielen Orten, warum nicht auch hier.

Zum Schlittenfahren hatten wir noch eine kürzere Bahn, das »Sieben-Mann-Gässle«. Nach einem Krieg sollen nur noch sieben Mann übrig gewesen sein damals – so ähnlich hieß es, glaube ich. Wenn unten vor der B 3 mal nicht gestreut war, bestand die Gefahr, dass wir auf die Straße kamen. Obwohl vor zirka 60 Jahren sicher weniger Autos unterwegs waren.

Als ich weiterging in Richtung Grünwettersbach, sah ich die Autobahnbrücke und wurde sofort erinnert an die Zeit, als diese in zwei Teile geteilt war. Auf keinem Stück ging es weiter, weil diese Teilstücke abgetrennt waren – allerdings waren Absperrungen angebracht worden, damit man nicht weiterlaufen konnte. Dazwischen war einfach nichts Wir Kinder fanden das schon aufregend.

Bevor ich in die Halle ging, blickte ich noch über den Zaun ins Freibad. Von dieser Ecke aus konnte man nicht so viel erkennen. Es ist nett gestaltet, würde ich sagen. Aus der Halle konnte man durch die großen Fenster das Schwimmbecken sowie Liegewiesen und Spielgeräte sehen. Etwas anders als früher, aber gut.
Wie das mit dem Schatten wegen dem Baumbestand auf den Liegewiesen heute ist, konnte ich nicht erkennen. Das Schwimmbecken empfanden wir als Kinder damals natürlich größer. Wir hatten einen Ferienpass und waren Tag für Tag im Freibad, bis uns der Bademeister zu verstehen gab: »Kinder geht jetzt endlich, ich schließe jetzt.« Ja, und dann musste die gesamte Kinderschar wohl oder übel das Freibad verlassen.

Der Vortrag war gut, die Veranstaltung gut besucht, was auch der Sprecher erwähnte. Aber so wie ich mir das

gedacht hatte, war dies nicht der Rahmen, um zu fragen, was ich eigentlich wissen wollte, nämlich wie dieses schmale Handtuch zu verbreitern wäre.
Dennoch habe ich einiges über den Wert des einzelnen Ackerlandes erfahren und warum an manchen Stücken Wertminderung angerechnet wurde.
Ich nahm mir vor, das Angebot anzunehmen, in der Zeit vom 15. bis 29.6.2007 in der Ortsverwaltung Einsicht zu nehmen und meine Fragen zu stellen.

Zu Hause holte ich das Fotoalbum aus der Kindheit hervor. Was waren da für drollige, nette und interessante Aufnahmen in schwarz-weiß zu sehen. Einige im Hinterhof bei Oma aufgenommen, z. B. wir Kinder im Sommer in der Zinkbadewanne. Häschen und Hühner waren neben dem Misthaufen zu sehen und ich als Kind meist dazwischen.

Als Nackedei in der Zinkbadewanne im Hof

Oma hatte eine Ziege, deren Milch ich gerne trank. Jedes Jahr zog sie ein Schwein zum Schlachten auf. Auch Gänse hatte sie, die sie manches Mal »stopfte«, um mehr Leber zu haben. Das mochte ich gar nicht, wenn sie die Tiere so quälte. Das war aber das Einzige, was ich an ihr nicht mochte, ansonsten war sie für mich »die Beste« überhaupt.

Leider ist kein Foto von meiner geliebten Schaukel vorhanden. Diese Schaukel war für die heutigen Ansprüche mehr als einfach, ein einfaches Holzbrett, das mit Seilen an einem Balken im »Schopf« (eine kleine Scheune), wie wir sagten, angebracht war. Zwar war dieser offene Schopf überdacht, aber es stand auch viel Gerümpel in den Ecken. Trotz allem war es wunderschön für mich, dort in Ruhe und auch bei Regen schaukeln zu können.

Der kleine schmale Vorgarten direkt am Haus war im Frühjahr ein Blütenmeer von Schneeglöckchen, Narzissen und später Tulpen. Ansonsten viel Grün wie Efeu und Buchsbäumchen – richtig romantisch

Oma hatte früher einen Marktstand in der Südstadt neben dem Indianerbrunnen. Wie Mutti erzählte, ging sie zu Fuß hin und zurück an den Markttagen mit einem Korb auf dem Kopf, darunter ein Kissen wie bei Marktfrauen so üblich, das in der Mitte ein Loch hatte. Der Händler gegenüber brachte das, was Oma ansonsten noch auf dem Markt anbieten wollte, mit dem Auto nach und holte eventuell einen Teil wieder ab. Am Abend vor dem Markttag haben Oma und Mutti oft stundenlang Ackersalat geputzt.

Omas Haus in der Schlossberg-Straße 7

Unserem Hause schräg gegenüber saßen Arbeitslose auf einer Holzbank und verweilten sich. Wenn Oma rief, kamen sie gerne, um sich ein Vesper, Most und einen kleinen Geldbetrag auf dem Feld oder im Hof zu verdienen.

Oma hatte schwer zu arbeiten. Wir haben abwechselnd Weizen oder Kartoffeln auf diesem »Handtuchacker« angebaut. Den Weizen brachten wir zur Mühle und hatten dann eigenes Mehl.

Mehr oder weniger Aufregung war dann, wenn der Mähdrescher nicht beikam, wenn er zuerst in einem anderen Ort war und das Wetter drohte umzuschlagen. Jeder wollte zuerst dran sein beim Dreschen, so ähnlich wie an der Kasse beim Supermarkt.

Die Kartoffelkäfer von den Blättern abzusammeln, war gar nicht so schlimm, sie sahen sogar hübsch aus, so empfand ich das jedenfalls. Dafür fand ich die Larven mehr als eklig.

Mutti erzählte auch, dass ein Mann in einem »Dreiradauto mit etwas Ladefläche« durch die Schloßbergstraße gefahren kam und bei den Ehefrauen, deren Männer bei Gritzner-Kayser-Nähmaschinen in Durlach arbeiteten, das Essen für diese in einem speziellen Kochgeschirr abholte. Der Fahrer kam von Palmbach, Hohnwettersbach, Grünwettersbach und fuhr nach Durlach, nachdem er in Wolfartsweier ebenfalls Essen abgeholt hatte.

Oma verkörperte für uns Kinder die Geborgenheit in Person. Sehr oft waren in den Ferien die Kinder ihrer Stieftochter von Radolfzell zu Besuch. Die erste Frau von Opa war verstorben und Opa im 1. Weltkrieg gefallen. Es hat allen Kindern gut getan, bei Oma zu Besuch zu sein.
Sie arbeitete nicht nur auf dem Feld und versorgte ihre Tiere, sie konnte auch gut kochen – sie war gelernte Köchin. Gefülltes Huhn war ihre Spezialität, die Füllung was ganz Besonderes. Auch im Nudelteig auswellen war sie unschlagbar. Meist gab es breite Nudeln am Sonntag, der Teig wurde samstags gemacht, ausgewellt und über die frischbezogenen Federkisssen gelegt, die prall gefüllt waren, weil sie die Daunen ja nicht kaufen musste.
Hefeteig war ebenso beliebt, wenn ihn Oma gemacht hatte. Ihre Blechkuchen, die wir Kinder samstags zum Bäcker brachten und auch wieder holten, waren einfach wunderbar. Sie waren mit eigenem Fallobst belegt z.B. Äpfeln oder

Zwetschgen. Das Rezept vom Kirschenplotzer war ebenfalls große Klasse. Ihr Käsekuchen aber übertraf alles. Oma trank gerne Lindes Kaffee, ich sehe noch heute die Packung mit den blauen Punkten. Sie schnitt Brot in kleine Eckchen, legte sie in eine große Tasse, Lindes Kaffee und Zucker darüber, dann löffelt sie dies aus. Nur sonntags aß sie meist Hefezopf anstatt Brot.

Beim Weiterblättern im Album entdeckte ich ein Foto in größerem Format, aufgenommen im Schulhof. Auf der Rückseite steht in der Handschrift meines Papas groß geschrieben: »2. Klasse 1948 Heiderose«. Mit Bleistift stehen daneben in meiner Handschrift die Namen der Mitschülerinnen und -schüler und daneben vermerkt: Frau S. Im Hintergrund ist eindeutig das Schulgebäude zu erkennen. Vom Lehrer habe ich leider kein Foto, ich empfand ihn als Mensch und als Lehrer angenehm. Gerne erinnere ich mich daran, dass wir Kinder, wenn wir ihm und seiner Frau ein gutes neues Jahr gewünscht haben, eine riesengroße Hefebrezel bekamen.

Wobei mir dabei wieder in Erinnerung kommt, wie wir wohnten, nachdem mein Papa aus längerer Kriegs- Gefangenschaft entlassen worden war. Wir waren damals in Eisingen bei Pforzheim ausgebombt, und meine Mutti und wir Kinder lebten bei Oma, bis Papa wieder bei uns war. Eine Wohnung kann man das eigentlich nicht nennen: zwei Zimmer und Küche im Schulhaus unterm Dach über der Wohnung meines Lehrers. Die Küche war auf der Seite zum Hof gelegen, rechts daneben die Küche der Nachbarn

und direkt daneben links waren zwei Toiletten. Wir teilten uns eine mit den Nachbarn, jeder hatte einen Schlüssel dazu. Die andere Toilette teilten sich zwei andere Mieter, die über dem Schulgebäude auch unterm Dach wohnten. Auf der Seite zur Straße hatten wir noch zwei Zimmer mit Schräge, die Nachbarn dasselbe.
Die Zinkbadewanne stand im Flur in der Ecke und wurde samstags wie früher bei Oma – in die Küche gestellt. Wasser wurde im Küchenherd im Wasserschiff erwärmt. Bad, Dusche oder ähnliches? Nein, aber wir haben es überlebt wie viele andere auch.

Dann entdeckte ich noch ein Foto in Großformat »Wir Konfirmanden mit Vikar«, fotografiert vor dem Eingang der Jakobuskirche. Er und seine Ehefrau waren sehr engagiert im Konfirmandenunterricht, sie haben damals mit uns einen Ausflug nach Maulbronn gemacht.
Nein, die Konfirmanden sind nicht alle dieselben wie die Schulkinder auf dem Klassenfoto in der 2. Klasse. Aber meine beste Freundin ist auf beiden Fotos zu erkennen. Leider ist sie kürzlich verstorben, das habe ich bis heute noch nicht ganz verkraftet. Immerhin sind es mehr als 60 Jahre, die wir uns kennen, schon aus Kindertagen. Wir waren vor allem währen der Schulzeit sehr eng befreundet, an den Sonntagen (samstags war zu Hause helfen angesagt) haben wir uns regelmäßig getroffen. Aber auch in den gesamten Ferien waren wir zusammen. Nach ihrer Lehre hatte sie ihren Ehemann kennengelernt, nach der Heirat ist sie nach Karlsruhe-Stadt gezogen.
Wir blieben immer in Verbindung, vor allem telefonisch,

haben uns auch zusammen mit einer anderen Schulfreundin getroffen, etwa zwei bis drei Mal im Jahr, die gesamten vergangenen Jahre, bis sie im vergangenen Jahr sehr krank wurde, leider.

Auch hier im Stadtteil habe ich eine ehemalige Mitschülerin getroffen, die ebenfalls mit Familie bei uns in der Nähe wohnt. In Wolfartsweier war ich nur gelegentlich, mal nach dem »Handtuch-Äckerle« sehen, früher Äpfel holen oder Kirschen pflücken – mal nachsehen, wenn man eh im Schützenhaus Wolfartsweier gewesen war.

Ja, was entdecke ich jetzt da noch beim Blättern im Album: »Andenken an den Kindergarten« steht da zu lesen, von Schwester Frieda ausgefüllt.

Nun staune ich jetzt aber doch, 60 Jahre sind vergangen genau im Oktober 2007. Wenn das nichts Besonderes ist? Vor allem, wer in unserem Alter kennt Schwester Frieda

vom Kindergarten nicht? Wenn ich an sie denke, erinnere ich mich auch an diese bunte Figur von einem Negerlein, das nickte, wenn wir fünf oder zehn Pfennig einwarfen. Das hat uns so gut gefallen. Ich weiß nicht mehr, warum das so toll war. Jedenfalls fragten wir oft zu Hause, ob wir etwas für das Negerlein bekommen würden. Als Spende für den Kindergarten, die Kirche nebenan oder für die Armen gedacht, auch das weiß ich nicht. Es war uns ja nicht wichtig, Hauptsache das Negerlein nickte als Dank.

Beim nochmaligen Durchblättern der Kinderfotos sehe ich, da ist meine Oma mit mir auf dem Randstein der gesprengten Rest-Autobahn-Brücke sitzend zu sehen. Auf einem anderen bin ich als Kind zu sehen, wie ich auf einem Teilreststück der Autobahn gehe. Sonntags machten wir uns ab und zu das Vergnügen, auf dem einen oder anderen Teil der »Laufautobahn« hin- und herzuspringen. Es war ja zur Sicherheit eine Sperre vor dem Endstück angebracht, auf jeder Seite. So richtig konnte man also gar nicht auf die untere Straße sehen und nicht auf den Bach. Irgendwie war es schon grotesk das Ganze. Vom Erzählen weiß ich, dass wir bei Bombenalarm unten in den Kammern der Autobahn-Brücke saßen und dort abwarteten bis zur Entwarnung. Für die Schloßbergstraße war dies der Luft-

schutzbunker schlechthin. Später wurde hin und her erzählt, damals wäre in manchen Kammern Sprengstoff für die eventuell geplante Sprengung gelagert worden. Ich weiß nicht, ob es so war, ich weiß nur, dass die Brücke gesprengt wurde kurz vor dem sogenannten »Endsieg«, wann genau, entzieht sich ebenfalls meiner Kenntnis. Mutti erzählte auch, dass sie bei Sirenengeheul oft Oma wecken wollte, die dann meinte: »Bitte lass mich hier im Bett liegen, ich bin so müde, der liebe Gott wird mich beschützen. Aber bitte geh du mit dem Kind, das ist wichtig.« Und ich muß geheult und geschrieen haben, bis wir bei der Brücke ankamen, weil die anderen wohl sagten: »Aha, die Sirene kommt mit ihrer Mutti.«

Als unsere Töchterchen noch klein waren, hat ihnen meine Mutti an meinem Geburtstag öfter erklärt, wie die Nacht mit einem Feuerwerk erhellt war, als ihre Mama auf die Welt kam. »Sie muss wohl eine Prinzessin sein, was meint ihr?« Da lachten sie. Am 6. August erfolgte einer der schwersten Luftangriffe auf Karlsruhe-Stadt, vor allem in der Nähe der Landesfrauenklinik.

Mir fällt gerade noch ein, unsere direkten Nachbarn hatten eine Schnapsbrennerei, an Geld fehlte es kaum. Die hatten einen der ersten Fernseher und ein Telefon, das war was ganz Tolles für uns Kinder.
Gegenüber von unserem Haus führte eine kleine Brücke über den Bach zu den Nachbarn auf der anderen Seite. Als Kind hatte ich im Winter mal das vereiste Geländer angehaucht, kam wohl zu nahe mit den Lippen dran. Rufen

konnte ich nicht. Jedenfalls tat es höllisch weh, als ich endlich loskam und die Hautfetzen abgingen, weil ich Panik bekommen hatte und schnell loskommen wollte.
Damals war der »Gemeindediener« dafür zuständig, die Nachrichten auszurufen. Er hatte eine Glocke, um sich besser Gehör zu verschaffen, wenn er mit dem Rad durch die Straßen fuhr. Er rief auch aus, wenn Obstbäume zu versteigern waren. Wir ersteigerten meist Kirschbäume für drei, fünf oder sieben Mark pro Baum, je nachdem, ob es helle Früchte oder die dunklen Herzkirschen waren. Auch Apfel-, Birnen- oder Zwetschgenbäume wurden versteigert. Man lief mit, wenn der Termin angesagt war, sah sich den Baum an und steigerte mit. Die Kirschen pflückten wir und verkauften die Hälfte an den Händler in der Straße gegenüber, die anderen kochten wir, wie auch anderes Obst z. B. Zwetschgen und Birnenschnitze, in Weckgläsern ein für den Winter. Äpfel lagerten wir im Keller auf Holzhorden. Auch grüne Bohnen und Sauerkraut hatten wir in einem Steintopfständer, obenauf zwei Bretter, beschwert mit einem Stein.

Einen Erdbeeracker bearbeiteten wir ebenfalls, in einem anderen Gewann, etwa sieben Jahre lang. Der war breit und lang, eben ein großes Stück Acker. Ich erinnere mich, wenn die Saison im Mai losging. Meist am Vatertag pflückten Mutti und Papa mit mir zusammen Erdbeeren. Die anderen Jugendlichen in meinem Alter waren im Freibad. Den größten Teil der Ernte verkauften wir, von den anderen gab es Marmelade oder Erdbeertorte.

Einige Tage später, als ich bei der Ortsverwaltung vorsprach, gab mir die Dame dort unter anderem den Rat, meine Adresse zu hinterlassen, so dass sie mir, wenn Eigentümer Ackerland vom Streitland anbieten würden, Bescheid geben könnte. Das fand ich eine gute Lösung.
Ich erkundigte mich noch bei ihr, ob ich richtig informiert sei, dass es einen Verein für die Interessen von Wolfartsweier gäbe? Genaues wusste ich nicht.
»Da sind Sie an der richtigen Stelle. Eine Etage höher«, meinte sie.
Eine Etage höher bekam ich dann die gewünschte Auskunft beim »Verein für die Geschichte von Wolfartsweier«.
Den Angestellten war der Name Hofer/Lehmann aus der Schloßbergstraße sofort ein Begriff und wir unterhielten uns sehr angenehm über alte Zeiten.
Aus dem Angebot der Bücher nahm ich die »Chronik Wolfartsweier – Wasser und Straßen« mit. Ich fand sie nicht nur sehr interessant und informativ, sondern auch sehr übersichtlich gestaltet. Das kleine Büchlein »Die Jakobskirche in Wolfartsweier« ist ebenfalls gelungen. Auf Seite 25 erinnerte mich der vordere Eingang der Kirche an das Foto, das von uns Konfirmanden zusammen mit unserem Vikar aufgenommen wurde.
Ich habe noch unser kleines Kirchlein von damals in Erinnerung, sicher ist inzwischen vieles schön und modern gestaltet.
Bevor ich ins Auto einstieg, habe ich mir nochmals das alte Rathaus angesehen. Dort wurden wir im Oktober 1963 standesamtlich getraut.

Es gäbe sicher noch einiges zu erzählen, aber wie das so ist – oft werden die Erinnerungen erst durch Gespräche oder Fotos angeregt. Und die Gelegenheit ist günstig, diese Erinnerungen schnell noch in die zweite erweiterte Auflage meiner kleinen Anthologie einzubringen, bevor sie in Druck geht.

Karlsruhe im Juli 2007   Heiderose

Dienstadt

Nein, Dienstadt ist keine Stadt, es ist ein kleiner Ort, der nicht größer war und ist als Wolfartsweier, auch heute nicht, nachdem ein großes Neubaugebiet am Hang entstand.
Es liegt in der Nähe von Tauberbischofsheim im schönen Taubertal. Der Partnerort nennt sich Dienstedt in Thüringen in der Nähe von Erfurt.
Darüber, welchen Bezug unsere Familie zu Dienstadt hat, könnte man eine längere Geschichte erzählen, aber wie bereits erwähnt, bin ich etwas in Zeitdruck.

In den Jahren 1937 bis 1944 wohnten meine Schwiegereltern mit ihrem kleinen Sohn in der Schumannstraße Nr. 7 in Karlsruhe-West, mein Schwiegervater war in Mannheim-Sandhofen im Fliegerhorst eingesetzt.
Er arbeitete mit Funkmessgeräten, musste Funksprüche abhören, vor allem die feindlichen übersetzen bzw. entschlüsseln und weitergeben.
Im Herbst 1944 kam der Funkspruch durch: »Karlsruhe sollte demnächst möglichst ausradiert werden.« In den Jahren zuvor gab es mehr oder weniger große Luftangriffe auf Karlsruhe, das war bekannt, aber dieser Funkspruch machte ihm dann doch Sorgen. Warum dieser Plan für Karlsruhe doch nicht durchgeführt wurde, wissen wir bis heute nicht. Tatsache ist, in Dresden und Pforzheim wurden solche Pläne umgesetzt, wie allseits bekannt.
Da er sich also Sorgen machte, gab mein Schwiegervater

seiner Ehefrau sofort Nachricht mit dem Auftrag, sich unverzüglich mit Sohnemann in den Zug zu setzen und nach Tauberbischofsheim zu fahren und die Wertsachen, die sie für nötig halte, mitzunehmen. Er wollte dafür sorgen, dass sie am Bahnhof abgeholt würden. Der Bruder meiner Schwiegermutter war Lehrer in der Nähe von Tauberbischofsheim gewesen, leider war er schon im Krieg gefallen, aber es bestanden noch Verbindungen nach Eiersheim, in der Nähe von Tauberbischofsheim und Dienstadt gelegen. Dort konnten meine Schwiegermutter und Sohn unterkommen und für längere Zeit in einem Zimmer wohnen. Das war zwar für beide mehr als unangenehm, für die anderen Bewohner im Haus aber ebenfalls.

Als mein Schwiegervater dann 1945 aus dem Krieg zurück war, konnte er durch Verbindungen in Dienstadt mit dem damaligen Bürgermeister verhandeln und bekam das halb verfallene Armenhäuschen zur Verfügung gestellt. Er setzte es instand, damit die kleine Familie darin leben konnte. Er war schon immer eine Art Universalgenie, so jedenfalls habe ich ihn gekannt. Er hat sich auch seine Werkstatt so eingerichtet, um das zu arbeiten, was er sich vorgenommen hatte. Er war Elektromeister und verstand es auch, mit Wasserleitungen und allem, was dazugehört, umzugehen. Die Beziehungen zu Siemens baute er aus, unterstützte seine Material-Einkäufe wie von dem begehrten Kupferdraht und sonstigem, was er zum Beispiel für die Reparatur von kaputten Motoren an Material benötigte, mit Speck, Wurst und Schinken und - allem was er vom Ort zum tauschen bekommen konnte und in der Stadt sehr begehrt war.

Er legte damals Wasserleitungen in viele Häuser. Das Wasserreservoir hat er in dieser Zeit komplett eingerichtet, als Elektromeister kein Problem für ihn. Er war ein gefragter und vielbeschäftigter Mann, kann man sagen.

Meine Schwiegermutter kam mit dieser Situation nicht so gut zurecht. Sie war, wie man so zu sagen pflegt, Tochter aus gutem, reichen und gebildetem Hause. Ihr Vater war Mitinhaber der Firma »Kaweco-Füllfederhalter« gewesen. Er war der Erfinder des Füllfederhalters schlechthin und hatte auch das Patent darauf. Der andere Mitinhaber war der Kaufmann. Irgendwie zerstritten sie sich und der Vater stieg aus. Beim Verkauf seines Anteils war auch das Patent im Verkaufspreis einbezogen, leider.

Zu einem ungünstigeren Zeitpunkt hätte der Vater wohl nicht verkaufen können und leider legte er keinerlei Geld in Sachwerten an. Die Inflation kam und futsch war alles. Die gesamte Familie war pleite, leider war auch das große Wohnhaus verkauft worden.

Die Eltern hatten in Heidelberg Handschuhsheim ein großes Haus, da war für sieben Kinder Platz. Kindermädchen, Köchin, Wasch- und Putzfrau, alles da. Die Kinder hatten alle eine gute Schulbildung, die Mädchen besuchten das Internat in Miltenberg, die Höhere Töchterschule, wie meine Schwiegermutter oft erzählte. Sie lernten dort unter anderem Nähen und Sticken, Klavier spielen und Konversation. Dies alles war eher in den höheren Kreisen gefragt, in denen sie ja auch lebten. Ach ja, die französische Sprache hatte sie gelernt, dies hat damals wohl zur gepflegten Konversation dazugehört.

Der Federhalter schrieb in Heidelberg Geschichte

Seit 125 Jahren werden in Heidelberg Schreibgeräte hergestellt – In den 1920er Jahren war die Stadt ein Zentrum der Füllfederhalter-Industrie – Viele Betriebe mussten jedoch schließen

Von Timo Teufert

Handschuhsheim. Jeder Schüler hat einen in seinem Mäppchen und wer persönliche Briefe oder Karten schreibt nutzt meist auch einen: den Füller. Auch wenn der Kugelschreiber mittlerweile den Füllfederhalter im Alltag abgelöst hat, lohnt sich ein Blick zurück. Denn Heidelberg und insbesondere Handschuhsheim war Mitte der 1920er Jahre eine Hochburg der Füllfederhalter-Industrie.

Vor 125 Jahren, im Jahr 1883, legte die Federhalterfabrik Luce und Enßlen den Grundstein für den späteren Boom. 1899 zog die Firma nach Handschuhsheim in die Dossenheimer Landstraße 31 um. Zur Jahrhundertwende waren dort auch die beiden Kaufleute ??? Koch und Rudolph Weber beschäftigt. Ab 1903 hieß die Firma dann Kaweco – die nicht ganz stimmige Abkürzung für Koch, Weber und Companie – benannt nach Koch und Weber, die den eigentlichen Grundstein für eine Firma von Weltruf legten. Zunächst produzierte man lediglich Holzfederhalter und Tintenlöscher. Doch mit der Zeit wuchs die Firma immer weiter, es wurde an- und umgebaut. Schließlich errichtete man eine neue Fabrik auf dem Gelände der Dossenheimer Landstraße 98, in dem heute das Modegeschäft Niebel seinen Sitz hat.

Kaweco begründete den Boom

Mit der Zeit änderte sich auch das Material: Statt Holz wurde nun Hartgummi verwendet, später wurden Teile der Füllerkappe und des Schaftes aus brennbarem Zelluloid hergestellt, ein Stoff, den es in vielen Farben und Marmorierungen gab. Neben der Produktion von Füllern importierte Kaweco in den Anfangsjahren auch Schreibgeräte der Firma Parker aus den Vereinigten Staaten. Schließlich wurden in Heidelberg Pipetten- und Kolbenfüller produziert, 1912 kam der patentierte Sicherheits-Füllfederhalter hinzu. Gleichzeitig begann man mit der Produktion von Federn, die man bis dato auch aus Amerika importierte.

Die Auswirkungen des Ersten Weltkrieges spürte auch die Firma Kaweco, zurückgehende Exporte und der Niedergang der deutschen Wirtschaft durch die men geriet in eine finanzielle Schieflage, von der es sich auch nicht mehr erholen konnte. Auch die Umwandlung in eine Aktiengesellschaft Anfang der 20er Jahre konnte diese Entwicklung nicht mehr aufhalten: 1927/28 musste Kaweco Konkurs anmelden. Weil noch viele Arbeitergehälter ausstanden, sollen sich nach der Bekanntgabe des Konkurses unwirkliche Szenen in Handschuhsheim abgespielt haben: Die Arbeiter nahmen aus der Fabrik mit, was sie tragen konnten. Viele nutzten das Material oder die Maschinen, um sich in ihren Wohnungen oder in kleinen Hinterhofwerkstätten selbstständig zu machen.

1929 kaufte dann die Badische Füllederfabrik Knust, Grube und Woringen das südliche Kaweco-Gebäude sowie die Markenrechte des weltweit bekannten Unternehmens. In den 30er Jahren konnte die Firma mit neuen Modellen verlorengegangene Märkte zurückerobern. Die Produkte waren nach den Leitlinien von Parker produziert und wurden zu 70 Prozent exportiert. 1931 schließlich zog die Firma nach Wiesloch und musste auch dort und nach zahlreichen Umzügen etliche Tiefschläge hinnehmen. Bis 1996 war die Firma im Besitz der Markenrechte, auch wenn in den letzten Jahren nur noch Schreibgeräte vertrieben und nicht mehr produziert wurden.

Nach dem Ende der Firma kaufte ein Geschäftsmann aus Nürnberg die Kaweco-Rechte und produziert heute wieder die Klassiker von damals - wie den „Kaweco Sport".

Das Gebäude in der Dossenheimer Landstraße 98 wurde 1931 an die Firma Hebborn aus Köln verkauft, die dort seit 1925 Schreibgeräte herstellte. In der „Heidelberger Füllhalterfabrik" produzierte man Füller der Marke „Luxor", 1938 wurde der Firmensitz an den Neckar verlegt. Seinen Anteil daran hatte der ehemalige Kaweco-Mitarbeiter Heinrich Schlicksupp, der mit Hebborn nach dem Vorstoß der Kugelschreiber Mitte der 50er Jahre begann Hebborn als einer der ersten Produzenten mit der Herstellung von Kugelschreiber-Minen. 1965 wurde dieser Zweig aus Kostengründen eingestellt. Das Ende der Firma kam 1970, als Hebborn an eine Firma aus Baden-Baden übergeben wurde, die zu Parker gehörte. Parker schloss 1976 das

-Neckar-Zeitung 16. Dezember 2008

Heidelberger Werk dann endgültig. Der wohl erfolgreichste Kaweco-Aussteiger ist aber wohl Philipp Mutschler, der nach dem Weggang von Hebborn als letzter am Standort Handschuhsheim Füller produzierte.

Marke „Certo" bekannt. Diese Bezeichnung wurde Ende der 50er Jahre durch den Begriff „Reform" abgelöst – zuvor hatte Mutschler die gleichnamige Füllhalterfabrik übernommen.

Nach der Übernahme des Betriebs durch Mutschlers Söhne Otto und Peter 1963 errichtete man 1983/84 einen Neubau im Handschuhsheimer Gewerbegebiet „Im Weiher". Schon in den 50er Jahren hatte man bei Mutschler auf das Kunststoff-Spritzgussverfahren für Füller-Schäfte umgestellt. Bekannte Unternehmen wie Geha, Herlitz und Rotring ließen bei Mutschler fertigen.

In den 90er Jahren dann geriet das Unternehmen durch die schlechte Wirtschaftslage in Schwierigkeiten. Als problematisch erwies sich auch die Marktausrichtung auf die Massenproduktion, die einem ständig wachsendem Preisdruck ausgesetzt war. Nach einigen Sanierungsversuchen blieb dem Unternehmen schließlich am 14. April 2004 nicht ande-

Der Federhalter schrieb in Heidelberg Geschichte

Seit 125 Jahren werden in Heidelberg Schreibgeräte hergestellt – In den 1920er Jahren war die Stadt ein Zentrum der Füllfederhalter-Industrie – Viele Betriebe mussten jedoch schließen

Von Timo Teufert

Handschuhsheim. Jeder Schüler hat einen in seinem Mäppchen und wer persönliche Briefe oder Karten schreibt nutzt meist auch einen: den Füller. Auch wenn der Kugelschreiber mittlerweile den Füllfederhalter im Alltag abgelöst hat, lohnt sich ein Bück zurück. Denn Heidelberg und insbesondere Handschuhsheim war Mitte der 1920er Jahre eine Hochburg der Füllfederhalter-Industrie.

Vor 125 Jahren, im Jahr 1883, legte die Federhalterfabrik Luce und Enßlen den Grundstein für den späteren Boom. 1899 zog die Firma nach Handschuhsheim in die Dossenheimer Landstraße 31 um. Zur Jahrhundertwende waren dort auch die beiden Kaufleute Heinrich Koch und Rudolph Weber beschäftigt. Ab 1903 hieß die Firma dann Kaweco – die nicht ganz stimmige Abkürzung für Koch, Weber und Companie - benannt nach Koch und Weber, die den eigentlichen Grundstein für eine Firma von Weltruf legten. Zunächst produzierte man lediglich Holzfederhalter und Tintenlöscher. Doch mit der Zeit wuchs die Firma immer weiter, es wurde an- und umgebaut. Schließlich errichtete man eine neue Fabrik auf dem Gelände der Dossenheimer Landstraße 98, in dem heute das Modegeschäft Niebel seinen Sitz hat.

Kaweco begründete den Boom

Mit der Zeit änderte sich auch das Material: Statt Holz wurde nun Hartgummi verwendet, später wurden Teile der Füllerkappe und des Schaftes aus brennbarem Zelluloid hergestellt, ein Stoff, den es in vielen Farben und Marmorierungen gab. Neben der Produktion von Füllern importierte Kaweco in den Anfangsjah-ren auch Schreibgeräte der Firma Parker aus den Vereinigten Staaten. Schließlich wurden in Heidelberg Pipetten- und Kolbenfüller produziert, 1912 kam der patentierte Sicherheits-Füllfederhalter hinzu. Gleichzeitig begann man mit der Produktion von Federn, die man bis dato auch aus Amerika importierte.

Die Auswirkungen des Ersten Weltkrieges spürte auch die Firma Kaweco, zurückgehende Exporte und der Niedergang der deutschen Wirtschaft durch die Inflation taten ihr übriges. Das Unternehmen geriet in eine finanzielle Schieflage, von der es sich auch nicht mehr erholen konnte. Auch die Umwandlung in eine Aktiengesellschaft Anfang der 20er Jahre konnte diese Entwicklung nicht mehr aufhalten: 1927/28 musste Kaweco Konkurs anmelden. Weil noch viele Arbeitergehälter ausstanden, sollen sich nach der Bekanntgabe des Konkurses unwirkliche Szenen in Handschuhsheim abgespielt haben: Die Arbeiter nahmen aus der Fabrik mit, was sie tragen konnten. Viele nutzen das Material oder die Maschinen, um sich in ihren Wohnungen oder in kleinen Hinterhofwerkstätten selbstständig zu machen.

1929 kaufte dann die Badische Füllfederfabrik Knust, Grube und Woringen das südliche Kaweco-Gebäude sowie die Markenrechte des weltweit bekannten Unternehmens. In den 30er Jahren konnte die Firma mit neuen Modellen verlorengegangene Märkte zurückerobern. Die Produkte waren nach den Leitlinien von Parker produziert und wurden zu 70 Prozent exportiert. 1931 schließlich zog die Firma nach Wiesloch und musste auch dort und nach zahlreichen Umzügen etliche Tiefschläge hinnehmen. Bis 1996 war die Firma im Besitz der Markenrechte, auch wenn in den letzten Jahren nur noch Schreibgeräte vertrieben und nicht mehr produziert wurden. Nach dem Ende der Firma kaufte ein Geschäftmann aus Nürnberg die Kaweco-Rechte und produziert heute wieder die Klassiker von damals - wie den „Kaweco Sport".

Das Gebäude in der Dossenheimer Landstraße 98 wurde 1931 an die Firma Hebborn aus Köln verkauft, die dort seit 1925 Schreibgeräte herstellte. In der „Heidelberger Füllhalterfabrik" produzierte man Füller der Marke „Luxor", 1938 wurde der Firmensitz an den Neckar verlegt. Seinen Anteil daran hatte der ehemalige Kaweco-Mitarbeiter Heinrich Schlicksupp, der mit Hebborn eine Partnerschaft einging. Nach dem Vorstoß der Kugelschreiber Mitte der 50er Jahre begann Hebborn als einer der ersten Produzenten mit der Herstellung von Kugelschreiber-Minen. 1965 wurde dieser Zweig aus Kostengründen eingestellt. Das Ende der Firma kam 1970, als Hebborn an eine Firma aus Baden-Baden übergeben wurde, die zu Parker gehörte. Parker schloss 1976 das Heidelberger Werk dann endgültig.

Der wohl erfolgreichste Kaweco-Aussteiger ist aber wohl Philipp Mutschier, der nach dem Weggang von Hebborn als letzter am Standort Handschuhsheim Füller produzierte.

Seit 1928 waren seine Füller unter der Marke „Certo" bekannt. Diese Bezeichnung wurde Ende der 50er Jahre durch den Begriff „Reform" abgelöst - zuvor hatte Mutschier die gleichnamige Füllhalterfabrik übernommen.

Nach der Übernahme des Betriebs durch Mutschlers Söhne Otto und Peter 1963 errichtete man 1983/84 einen Neubau im Handschuhsheimer Gewerbegebiet „Im Weiher". Schon in den 50er Jahren hatte man bei Mutschier auf das Kunststoff-Spritzgussverfahren für Füller-Schäfte umgestellt. Bekannte Unternehmen wie Geha, Herlitz und Rotring ließen bei Mutschier fertigen.

In den 90er Jahren dann geriet das Unternehmen durch die schlechte Wirtschaftslage in Schwierigkeiten. Als problematisch erwies sich auch die Marktausrichtung auf die Massenproduktion, die einem ständig wachsendem Preisdruck ausgesetzt war. Nach einigen Sanierungsversuchen blieb dem Unternehmen schließlich am 14. April 2004 nicht anderes übrig als Insolvenz anzumelden.

Aus: Wöchentliche Beilage der Rhein-Neckar-Zeitung, 44, 16.12.2008

Mittwoch, 16. Dezember 1953

HEIDELBERGER Nachrichten

90. Geburtstag des Vaters der Füllhalterindustrie

Handschuhsheim ist die Wiege der deutschen Füllhalterindustrie. Aus der Firma Kaweco kamen die meisten Wegbereiter dieses Utensils, das aus dem modernen Leben nicht mehr wegzudenken ist. Der Gründer dieser Fabrik aber, der Vater des modernen Füllers überhaupt, H e i n r i c h K o c h, wäre dieser Tage 90 Jahre alt geworden.

Im Jahre 1896 kam der vielseitige ehemalige Staatsbeamte, der im Auswärtigen Dienst in Spanien tätig gewesen war, mit Jakob Wissing aus Koblenz nach Heidelberg, um hier die Federhalterfabrik Rutlof zu übernehmen, die damals noch die einfachen Holzfederhalter und Schreibzubehör herstellte. Aufmerksam hatte er die Versuche verfolgt, die man verschiedentlich unternommen hatte, um dem Federhalter gleich die Tinte beizugeben. Aber keiner dieser ersten Füller konnte sich richtig durchsetzen. So arbeitete er an seinem System weiter, das nach dem Weggang des ersten Kompagnons in der 1906 neugegründeten Firma Koch, Weber & Co. ausgewertet und unter dem Namen „Kaweco" auf den Markt gebracht wurde. Schon nach kurzer Zeit erreichten die neuen Füllhalter Weltruf. Von dem industriellen Kernpunkt der Kaweco-Füllhalterfabrik aus breitete sich die Füllhalter- und Füllstift-Herstellung bis weit in den Odenwald aus, wo sie heute vielen Hunderten von Menschen Arbeit und Brot gibt.

Heinrich K o c h selbst zog sich 1920 ins Privatleben zurück, ohne daß er Heidelberg untreu wurde. Mit tiefer Verehrung erzählen die ehemaligen Mitarbeiter noch heute von dem 1945 gestorbenen, bescheidenen, klugen Mann, der nicht nur ein hervorragender Pionier der heimischen und der deutschen Wirtschaft war, sondern auch ein sozial eingestellter, vorbildlicher Unternehmer. **Ki**

90. Geburtstag des Vaters der Füllhalterindustrie

Handschuhs heim ist die Wiege der deutschen Füllhalterindustrie. Aus der Firma Kaweco kamen die meisten Wegbereiter dieses Utensils, das aus dem modernen Leben nicht mehr wegzudenken ist. Der Gründer dieser Fabrik aber, der Vater des modernen Füllers überhaupt, H e i n r i c h K o c h, wäre dieser Tage 90 Jahre alt geworden.

Im Jahre 1896 kam der vielseitige ehemalige Staatsbeamte, der im Auswärtigen Dienst in Spanien tätig gewesen war, mit Jakob Wissing aus Koblenz nach Heidelberg, um hier die Federhalterfabrik Rutlof zu übernehmen, die damals noch die einfachen Holzfederhalter und Schreibzubehör herstellte. Aufmerksam hatte er die Versuche verfolgt, die man verschiedentlich unternommen hatte, um dem Federhalter gleich die Tinte beizugeben. Aber keiner dieser ersten Füller konnte sich richtig durchsetzen. So arbeitete er an seinem System weiber, das nach dem Weggang des ersten Kompagnons in der 1906 neugegründeten Firma Koch, Weber & Co. ausgewertet und unter dem Namen „Kaweco" auf den Markt gebracht wurde. Schon nach kurzer Zeit erreichten die neuen Füllhalter Weltruf. Von dem industriellen Kernpunkt der Kaweco-Füllhalterfabrik aus breitete sich die Füllhalter- und Füllstift-Herstellung bis weit in den Odenwald aus, wo sie heute vielen Hunderten von Menschen Arbeit und Brot gibt.

Heinrich Koch selbst zog sich 1920 ins Privatleben zurück, ohne daß er Heidelberg untreu wurde. Mit tiefer Verehrung erzählen die ehemaligen Mitarbeiter noch heute von dem 1945 gestorbenen, bescheidenen, klugen Mann, der nicht nur ein hervorragender Pionier der heimischen und der deutschen Wirtschaft war, sondern auch ein sozial eingestellter, vorbildlicher Unternehmer. Ki

Aus: Heidelberger Nachrichten, 16. Dezember 1953

Familie Heinrich Koch

Aus diesen Gründen war es für Mutti schwierig, in einem kleineren Ort zu leben. Sie hat ab und zu für manche Dorfbewohner kleinere oder größere Näharbeiten übergenommen. Man wusste, aus welchem Elternhaus sie stammte. Auf diesem Familienfoto ist die Familie Heinrich Koch zu sehen mit 9 Kindern – ein Kind war schon als Baby mit drei Monaten verstorben. Die Berichte auf den vorangegangenen Seiten aus Heidelberger Zeitungen sind ein Hinweis darauf, wie bedeutsam KAWECO damals war. Heinrich Koch war nicht nur in der Familie beliebt wie Mutti oft erzählte – auch die Mitarbeiter schätzten ihn sehr. In Handschuhsheim und Umbebung war die gesamte Familie nicht nur ein Begriff, auch sehr geschätzt und geachtet.

Die mutter war nicht nur christlich eingestellt, sie tat viel für Kranke und Arme.

Mein Schwiegervater begann in Karlsruhe (im sogenannten Binsenschlauch) ein Haus zu bauen. Es war das erste in der Gegend, es waren Binsen da, aber keine Häuser. Als das Haus einigermaßen bezugsfertig war, holte er seine Frau und den Sohn nach Karlsruhe, im Frühjahr 1953.
Lange trauerten alle drei um ihre Lieblingskatze Susi, eine schwarz-weiße war es gewesen. Meine Schwiegermutter hatte schon ein Körbchen für sie gerichtet, aber in der Hektik des Umzugs geriet die Katze in Panik und versteckte sich. Wie sie später erfahren haben, trauerte Susi so sehr, dass sie kein Fressen annahm und nach einiger Zeit verstarb.

Nach und nach wurden von Privatleuten Zweifamilienhäuser gebaut. Das gab einige Aufträge für meinen Schwiegervater. Die Firma Siemens Messgerätetechnik, nicht allzuweit von uns entfernt, ließ Reihenhäuser bauen und vergab Wohnungen an ihre Mitarbeiter. Da hatte mein Schwiegervater dann als Elektromeister alle Hände voll zu tun, meine Schwiegermutter kümmerte sich um den Haushalt und der Sohn besuchte weiterführende Schulen.
Nach einer kaufmännischen Lehre begann mein Mann bei der LVA Baden-Württemberg in Karlsruhe seine Tätigkeit. Nach einigen Jahren hatte er eine leitende Position bis zu seiner Rente. Insgesamt war er über 40 Jahre bei der LVA beschäftigt.

Wir heirateten 1963 und zogen zu den Schwiegereltern ins Haus in das erste Stockwerk, wo wir noch heute im Erdgeschoss wohnen. Heute, nach dem Umbau, wohnt die ältere Tochter mit Familie im ersten Stock.

1964 bekamen wir die erste Tochter und nochmals ein Jahr später die zweite. Den Kindern gefiel es, im großen Garten spielen zu können und von Oma und Opa verwöhnt zu werden.

Als die Töchter etwas älter waren, machten wir Wochenendausflüge ins Taubertal. Wir haben abwechselnd mal in der Ebenmühle, mal im »Grünen Baum« in Gamburg oder auch im Kloster Bronnbach übernachtet. Es hat uns überall gefallen.

Einmal in dieser Zeit waren wir im Adler in Külsheim untergebracht und besuchten an einem Samstag ein Zeltfest – nicht weit entfernt von Dienstadt. Es regnete in Strömen. Während des Wartens entdeckte mein Mann Bruno, einen Schulkameraden, sie erinnerten sich beide sofort an ihre Schulzeit in Dienstadt. Nach einem längeren Gespräch fuhren wir noch mit ihm, obwohl es schon sehr spät war – der starke Regen hatte aufgehört – zu ihm nach Hause. Wir probierten seinen tollen Schinken. Der war wirklich super und schmeckte köstlich. Und so kam die Idee auf, bei Bruno einmal jährlich zu schlachten. Er zieht das Schwein für uns auf und besorgt den Metzger, die ganze Schlachterei läuft dann bei ihm ab.

Das war ein tolles Angebot und funktionierte auch jahrelang zu beiderseitigen Zufriedenheit. Das Fleisch war immer gut, die Wurst super und der Schinken einfach Spitze.

Zwischendurch waren wir dann auch im Sommer zu Zeltfesten zu Besuch, auch mal zu Jakobi in Dienstadt.
Als die Töchter dann aus dem Hause waren, wurde uns die Schlachterei mit allem drum und dran irgendwie zu viel, zumal wir uns vorgenommen hatten, viel zu verreisen, bevorzugt nach Spanien und auch mal längere Zeit wegzubleiben.

In den letzten Jahren hatten wir unsere Unterkunft dann in Gamburg, die Ebenmühle war ja verkauft worden und Kloster Bronnbach wurde von anderen Pächtern übernommen, so meine ich jedenfalls. Auch in Külsheim wechselten die Besitzer, so ist uns das bekannt. Je älter man wurde, desto weniger wollte man nach der Feierei im Zelt zur Unterkunft fahren. Bruno bot uns an, bei ihm zu übernachten, was wir dankend angenommen haben.
Auch dieses Jahr sind wir zu Jakobi eingeladen, wir hoffen für alle, dass das Wetter mitmacht so wie voriges Jahr. Das war ein regelrechtes Bilderbuchwetter. Und es war alles so gut organisiert, mitten im Ort waren Holzbänke aufgestellt, die Messe wurde vor dem Kirchlein St. Jakobus gehalten. Sehr feierlich das Ganze! Die umherfliegenden Schwalben, wie im Heimatfilm, rundeten das Bild noch ab, es hätte nicht schöner sein können.
Nach dem Gottesdienst war beim Feuerwehrhaus das Fest organisiert. Für Getränke, Essen und Musik war bereits gesorgt. Wir hatten nur noch das Essen und die Getränke an der Ausgabe abzuholen und es schmeckte gut wie immer. Die Musikkapelle war inzwischen ebenfalls eingetroffen und spielte zur Unterhaltung.

Vor mir habe ich das Faltblatt liegen »Filialkirche St. Jakobus Dienstadt«. Daraus konnte ich einiges entnehmen, was ich nicht wusste. Vieles erinnert mich an unser kleines Dorfkirchlein aus der Kindheit in Wolfartsweier. Unser Jakobuskirchlein war allerdings auch innen schlicht und einfach gestaltet, eher für evangelische Gottesdienste.

Ich fühle mich wohl, wenn ich in Dienstadt in einer Kirchenbank sitze, den Hoch-Altar habe ich schon immer bewundert, er ist ein Kunstwerk. Wie ich hier lese, werden die Grundmauern des Chores ins 14. Jahrhundert datiert, das Kirchenschiff allerdings wurde erst 1783 erbaut. Der Taufstein wiederum besticht mit seiner Formgestaltung und Schlichtheit, wirkt auch dadurch sehr harmonisch. Drei Glocken sind bemerkenswert bei der Größe der Kirche.

Unser Freund Bruno ist Chorleiter und singt noch heute in der Kirche solo, wenn ich richtig unterrichtet bin. Die Kinder und auch die Enkel haben anscheinend seine musikalische Ader geerbt.

Die meisten Menschen in unserem Alter im Ort kennen wir, viele sind mit meinem Mann damals zur Schule gegangen. Deren Kinder kennen wir dann schon weniger, die Enkel aber beinahe gar nicht. Es gibt einen guten Spruch: »An den Kindern sieht man, wie die Zeit vergeht.« Immerhin spreche ich von ungefähr 35 bis 40 Jahren, die wir zu Besuch nach Dienstadt kommen. Über 50 Jahre sind vergangen, seit mein Mann mit seinen Eltern nach Karlsruhe gezogen ist.

Inzwischen wurde in Dienstadt ein Heimatverein gegründet. Der derzeitige engagierte Ortsvorsteher hat das alles in die Wege geleitet. Mit viel Engagement wurde ein Gelände mit einem kleinen See gestaltet, in der Nähe wurden ein riesengroßer Tisch und Bänke aus Holz aufgestellt. Wenn wir dann im nächsten Jahr wiederkommen, hat er sich wieder etwas Neues zu Gestaltung einfallen lassen. Im Ort hat er auch eine Verkaufsstelle organisiert, die halbtags geöffnet ist. Es gibt frisches Brot, Brötchen und sonstiges, was früher so im kleinen Tante-Emma-Laden angeboten wurde. Eine Superidee und sie wird relativ gut angenommen.

Noch dazu kam Bruno zusammen mit dem Ortsvorsteher auf den Gedanken, einen alten Brauch wieder aufleben zu lassen. Sie gestalteten eine »Grünkerndarre« in der Nähe des Geländes vom Verein. Bruno wusste noch genau, wie das damals zu Urgroßmutters Zeiten mit dem Grünkern gehandhabt wurde. Voriges Jahr beim Fest wurde das dann in natura vorgeführt. Es gehört sehr viel Engagement dazu, das Ganze durchzuführen. Natürlich schmeckt dieser frisch geräucherte Grünkern entschieden besser.

Alles in allem tut es uns gut, nach Dienstadt zu fahren, dort Bekannte zu treffen und mit ihnen zu feiern. Diese jahrelange Freundschaft mit Bruno und seiner Familie sehen wir keinesfalls als eine Selbstverständlichkeit an.

In diesem Sinne wünschen wir allen Dienstädtern alles Gute.

Dienstedt in Thüringen

Im Mai dieses Jahres waren wir in einer Pension in der Nähe von Dienstedt untergebracht. Nicht weit entfernt von Erfurt, Weimar und Bad Berka. Durch Dienstedt sind wir bei unseren Ausflügen öfter gefahren. Ich würde es als »Straßendorf« bezeichnen. Es wären noch so manche Häuser zu renovieren, andere wiederum sind inzwischen nett gestaltet. Die Umgebung ist sehr schön, zu dieser Zeit blühten die Rapsfelder, das sah toll aus – diese großen gelben Flächen.

Mir persönlich hat die Stadt Kranichfeld sehr gut gefallen. Sie wird die Zwei-Burgen-Stadt genannt. Damit gemeint ist einmal die Niederburg, wunderschön gelegen. Die Falknerei haben wir ebenfalls gesehen. Eine Freilichtbühne wäre zu erwähnen, sicher schön, wenn dort Aufführungen sind. Alljährlich wird das Rosenfest dort veranstaltet und eine Rosenkönigin gewählt. Sie ist die Repräsentantin des Ilmstädtchens Kranichfeld.
Die zweite Burg ist das Oberschloss. Dorthin kann man zu Fuß einen sehr angenehm Weg nehmen, nicht zu steil und immer unter Bäumen, schattig also. Man kann auch mit dem Auto zum Schloss hochfahren. Wir haben beides ausprobiert.
Die gesamte Anlage ist sehr liebevoll restauriert, die Räume angenehm gestaltet. Ein kleines Museum wird ebenfalls unterhalten. Es können auch Hochzeiten in der Kapelle gebucht werden. Es sind wunderschöne Steinmetzarbeiten zu sehen. Oberhalb der Fenster ist das Wappen der Herren von

Kranichfeld, ein schreitender Kranich, zu sehen. Am Südwesterker kann man das Wahrzeichen des Oberschlosses erkennen. Im Volksmund der »Leckarsch« genannt. »Drollerie« (französisch) werden solch drollige, oft drastischen Darstellungen genannt. Dazu gibt es eine Sage von zwei Brüdern, die eine Wette abgeschlossen hatten.
Im Jahre 2002 wurde in den dicken Turm eine Treppenanlage mit 101 Stufen eingebaut. Das Originelle daran war, die einzelnen Stufen von Spendern finanzieren zu lassen. Deren Namen wurden dann auf Wunsch an der jeweiligen Stufe angebracht. Von diesem dicken Turm, der 22 Meter hoch ist, hat man eine herrliche Aussicht in das romantische Ilmtal. Zu Pfingsten jedes Jahr findet ein großes Fest auf der Burg statt. Der Förderkreis Oberschloss Kranichfeld e.V. ist für die Renovierungen, Veranstaltungen und dergleichen zuständig.
In Kranichfeld steht in der Innenstadt ein restauriertes Fachwerkhaus. Es ist das Geburtshaus des Heimatdichters Rudolf Baumbach, geboren am 28.9.1840. Im Baumbachhaus wurde im ersten Stockwerk ein Museum eingerichtet, sehr liebevoll gestaltet. Im Erdgeschoss gibt es Kaffee und Kuchen, von ehrenamtlichen Helfern des Fördervereins Baumbachhaus e.V. serviert. Übrigens »Hoch auf dem gelben Wagen« ist ein Lied von diesem Dichter.

Es gibt noch eine Stiftung Thüringer Schlösser und Gärten, die mit den Fördervereinen zusammenarbeitet zum Wohle aller Beteiligten. Nun ist nur noch zu wünschen, dass es weiterhin Menschen gibt, die ehrenamtlich tätig sind.

Genügsam, bescheiden – zufrieden ...

Vorige Woche traf ich mich mit einer guten Bekannten im Café. Sie erzählte mir, ihre liebe Mutter sei vorigen Monat im Alter von über 90 Jahren friedlich eingeschlafen. Sie war schon einige Jahre im Heim gewesen und hatte Vollpflege benötigt – konnte das Bett nicht mehr verlassen. Die Mutter hatte nie geklagt – trotz allem – es war dann doch eine Erlösung.

Die Bekannte meinte: »Ich möchte dir was erzählen, vielleicht schüttelst unglaubig den Kopf, vielleicht amüsierst du dich – ich selbst«, meinte sie, »habe auch gestaunt, vielleicht muss man es auch nicht verstehen.

Also zuerst solltest du wissen, wie wir damals wohnten: In einem kleinen Häuschen, eigentlich war alles klein – die Zimmer und auch die Küche, der Garten neben dem Häuschen ebenfalls – den hat die Oma bearbeitet. Hinterm Häuschen war eine Schreinerwerkstatt. Da mein Vater Schreiner war, wurde er damals nicht eingezogen zum Militär. Er zimmerte Särge ... ab dem Jahr 1938.

Also meine Eltern, die Mutter von Vater und wir sieben Kinder lebten in diesem wirklich kleinen Häuschen. Zwei Kinder waren kurz nach der Geburt gestorben, ich habe meine Mama meist in anderen Umständen in der Küche in der Waschküche und sonst im Hause gesehen. Dann stillte sie und die Oma fütterte die Kleinen. Jedenfalls fand ich damals alles mehr als eng und sehr umtriebig – natürlich nicht gemütlich.

Das wollte ich dir zuerst sagen, damit du verstehst, was ich dir eigentlich erzählen möchte.

Wie bereits erwähnt war meine Mutter sehr genügsam – sie war wohl mit ihrem Leben zufrieden, wie sie mir öfter erklärte, nur dass der Vater so bald verstorben war – darüber war sie traurig.

Voriges Jahr nahm ich allen Mut zusammen und fragte die Mutter mal ganz direkt: ›Mama, was ich mir nie vorstellen konnte: wann habt ihr denn überhaupt Gelegenheit gehabt *zusammen zu sein*, ohne dass wir Kinder das mitbekamen?‹ Das war nicht einfach für mich, sie so direkt zu fragen. Meine Mutter lächelte so richtig verklärt und meinte: ›Ja weißt du, immer wenn ihr Kinder mit der Oma sonntags in die Kirche zum Gottesdienst gegangen seid, hatten wir 2 bis 3 Stunden Zeit, je nachdem, denn der Weg hin und zurück und der Gottesdienst dauerten manchmal auch länger. Das waren die Stunden, die nur uns gehörten, und wir waren glücklich und zufrieden damit. Leider verstarb dein Vater relativ früh‹, sagte sie wieder.«

Vielleicht ist wirklich alles relativ – je nachdem, jedenfalls haben alle sieben Geschwister selbst keine Kinder – nein, auch die Bekannte nicht. Wie mir scheint, teilten die Geschwister alle nicht die Ansicht über Zufriedenheit und Glück- oder eine »genügsame Einstellung«, wie die Mutter es nannte. Aber keines der Kinder klagte damals, und auch später nicht, gegenüber der Mutter (wie mir die Bekannte erklärte), nur Kinder wollten sie nicht.

Über die Autorin

Im August 1941 hat Heiderose Hofer-Garstka in einer der schwersten Bombennächte in Karlsruhe während des 2. Weltkrieges im Notbunker der Landesfrauenklinik per Kaiserschnitt das Licht dieser Welt erblickt, irgendwie ein kleines Wunder, wenn man es recht bedenkt.

Aufgewachsen in der Gemeinde Wolfartsweier (seit 1973 Stadtteil von Karlsruhe), in Karlsruhe-Durlach Schulen besucht, beruflich tätig in Karlsruhe, lebt sie noch heute hier zusammen mit ihrem Ehemann, mit dem sie seit über 50 Jahren verheiratet ist.

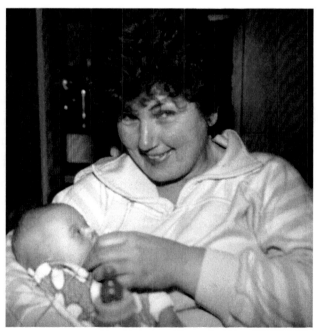

Oma Heiderose mit erstem Enkel Jonas, August 1992

Sie haben zwei gemeinsame Töchter und sind begeisterte Großeltern von vier wunderbaren Enkelkindern.

Die Interessen der Autorin galten schon in jungen Jahren dem Lesen, noch mehr aber dem Schreiben. Bedingt durch die Familie und die jahrelange berufliche Tätigkeit kam beides etwas zu kurz. Im Laufe der Zeit hat sich einiges an Versen, Geschichten und Erlebtem angesammelt.

Gemeinsam mit ihrem Ehemann unternimmt die Autorin auch gerne Reisen, bevorzugt nach Spanien.

Besonders am Herzen liegt ihr die mediale Arbeit.
1994 hat sie einen zweijährigen Medien-Ausbildungs-Kurs am PSI-Zentrum in Basel erfolgreich abgeschlossen. Noch heute ist sie dort Mitglied. Seit drei Jahren besucht sie Seminare zum Thema Medialität – Spiritualität an der Akademie für Esoterik e. V., C. u. D. Wiergowski in Kisslegg im Allgäu.

Immer wieder ist sie fasziniert davon, dass in ›Karls-Ruhe‹ mitten auf dem Marktplatz eine kleine Pyramide zur Erinnerung an Markgraf Karl Wilhelm steht, erbaut im Jahre 1825.

Ebenfalls bei TRIGA – Der Verlag erschienen

Lebendige Träume
Anthologie

Wie Sterne leuchten unsere Träume und geben uns Licht für unseren Alltag. Die Autoren und Autorinnen, die sich für diesen Band zusammengefunden haben, zaubern diese Sterne wieder hervor und erinnern uns daran, dass wir träumen können und träumen dürfen!

Mit Beiträgen von:

Carla Bein, Helge Biesalski, Christa Braunewell-Soltau, Benedikt Heinemann, Heiderose Hofer-Garstka, Vilma Jung, Elisabeth Keirath, Gudrun Kowalski, Anne Piscut, Werner Reichel, Elsa Maria Roth, Ursula Stahl, Hellmer Stumberg, Irmgard H.B. Suchier, Helmut Wegscheider, Klaus Wolfframm

12,80 EUR. 204 Seiten. Pb. ISBN 978-3-89774-316-8

Weihnachten von A bis Z
Anthologie

Die AutorInnen erschaffen eine Weihnachtsstimmung, die die Leser anrührt oder schmunzeln lässt.
Erinnerungen, Träume, Wünsche, Nachdenkenswertes ... Lesestoff nicht nur für die Weihnachtszeit.

Mit Beiträgen von
Christa Braunewell-Soltau, Bettina Ferbus, Betti Fichtl, Jutta Fleischhauer-Prillwitz, Christa Gabora, Heiderose Hofer-Garstka, Sanda Hübner, Gert W. Knop, Gudrun Kowalski, Verena Merget, Christine Peter, Maurizio Poggio, Paul Prause, Gerhard Prochnow, Hedwig Protzek, Anna Schmutzer, Inga Siebert

12,80 EUR. 170 Seiten. Pb. ISBN 978-3-89774-323-6

Enkel Jonas mit Handicap und Oma Heiderose erzählen aus 20 gemeinsamen Jahren

Mit zahlreichen, teilweise farbigen Abbildungen

Heiderose Hofer-Garstka lässt uns teilhaben an ihrem Oma-Sein von vier wunderbaren Enkelkindern. Jonas, mit zwanzig Jahren der Älteste, hat das Down-Syndrom.

In diesem Buch, das zweite, das die Autorin bei TRIGA - Der Verlag veröffentlicht, erzählt sie liebevoll von Jonas' Entwicklung, von gemeinsamen Erlebnissen und Erfahrungen, von kleinen und großen Überraschungen im Alltag.

Jonas hat das Buch mitgestaltet. Einige seiner im Lauf der Jahre entstandenen Zeichnungen illustrieren (zum Teil in Farbe) das Buch.

Er liebt Hundertwasser – die Farben und Formen, vor allem die von ihm entworfenen Häuser. Außerdem ist Jonas fasziniert von Regenbögen und Herzen in jeder Form, Farbe und Größe. Diese Vorlieben spiegeln sich in seinen eigenen Bildern wider.

Ein berührendes, fröhliches Buch über zwanzig Jahre »Oma-Sein« in allen Lebenslagen

13,80 EUR. 138 Seiten. Pb. ISBN 978-3-89774-941-2

TRIGA – Der Verlag
Feldstraße 2a · 63584 Gründau-Rothenbergen· Tel.: 0 60 51/ 5 30 00 · Fax: 0 60 51/ 5 30 37
E-Mail: triga@triga-der-verlag.de · www.triga-der-verlag.de